LAND & lecker

Kochen mit Herz und Leidenschaft

Inhalt

Wir feiern 15 Jahre „Land & lecker“ und freuen uns auf die Zukunft

Mit jeder „Land & lecker“-Staffel erzählen wir bewegende Familiengeschichten und den Arbeitsalltag in der Landwirtschaft. Oft geht es um Höfe mit Tradition, auf denen die Menschen seit vielen Generationen zusammen leben und arbeiten. Es geht aber auch um Quereinsteiger und Pioniere, die auf Umwegen zur Landwirtschaft gefunden haben und mutige neue Wege gehen.

„Land & lecker“ dokumentiert auf unterhaltsame Art und Weise, wie das Leben auf dem Land so spielt und dass das Leben auf dem Bauernhof nicht immer idyllisch ist. Es ist tägliche harte Arbeit und verlangt viel Einsatz bei jedem Wetter und zu jeder Jahreszeit. Im Mittelpunkt der Reportagen stehen die Menschen und die Themen, die sie bewegen. Natürlich reden wir auch über Probleme in der Landwirtschaft, die Wetterkapriolen und

„Danke an alle Landfrauen und Landmänner, die uns ihre Geschichten erzählt haben!“

Die Landfrauen und Landmänner der Staffel 22

den Klimawandel. Unsere Landfrauen und Landmänner stellen sich diesen Herausforderungen und versuchen, mit viel Engagement ihre Betriebe zukunftssicher zu machen und für die nächste Generation mitzudenken.

Unsere Teams verbringen viel Zeit auf den Höfen und sind dadurch in der Lage, möglichst nah am Alltag der Familien zu sein. Danke für die Offenheit und Gastlichkeit, die uns in all den Jahren entgegen gebracht wurden! „Land & lecker" bringt Menschen zusammen, die sich vorher nicht kannten und doch eins gemeinsam haben: ihre Arbeit auf dem Land für unsere Lebensmittel. Den Sendungen ist anzumerken, wie von Folge zu Folge zwischen fremden Landfrauen und Landmännern eine immer stärker werdenden Bindung entsteht. Viele Landwirtinnen und Landwirte der Sendereihe sind heute noch befreundet und treffen sich immer wieder! Eine große „Land & lecker"-Familie ist gewachsen.

„Wir sagen Danke für 15 Jahre ‚Land & lecker'."

15 Jahre Land & lecker – das waren bisher 125 Hofbesuche und eine Genussreise durch Nordrhein-Westfalen. In jeder Folge wurde mit den eigenen Produkten vom Hof gekocht, und zudem kamen kulinarische Schätze der Region auf den Tisch. Über 400 Speisen wurden mit Leidenschaft gezaubert – auf der Feuertonne am Rheinufer zubereitet oder in blühenden Wiesen an der Weser serviert. Landküche vom Feinsten: modern, saisonal und kreativ.

Das 15-jährige Jubiläum ist aber auch ein Grund, Danke zu sagen! Danke an alle Landfrauen und Landmänner, die uns vor den Kameras ihre Geschichten erzählt haben. Ihr habt uns und den Zuschauerinnen und Zuschauern spannende Stunden geschenkt! Danke für das tolle Essen, die guten Gespräche. In diesem Buch sind die Rezepte der Teilnehmerinnen und Teilnehmer der letzten beiden Jahre zu finden. Alle Seiten eint am Ende die Freude an gutem Essen und am gemeinsamen Genuss.

Also auf geht's, liebe Leserinnen und Leser! Feiern, entdecken und genießen Sie mit uns und lassen Sie sich von den Geschichten und Gerichten der Landfrauen und Landmänner in diesem Buch inspirieren!

Wir wünschen Ihnen viel Freude beim Kochen und Genießen!

Ihr „Land & lecker"-Team

Die Landfrauen und Landmänner der Staffel 23

Familiengeschichte(n)

15 Jahre „Land & lecker“ bedeuten 23 Staffeln mit Hofbesuchen und Familiengeschichten. Daraus entstanden ist eine ganz besondere Familie: die „Land & lecker“-Familie. Und wie es sich für eine Familie gehört, wenn es etwas zu feiern gibt, wird nicht nur in die Zukunft geschaut, sondern auch in Erinnerungen geschwelgt. Dazu gibt es ein Wiedersehen mit alten Bekannten.

Einige Höfe, die 2009 Teil der ersten Staffel waren, sind inzwischen bereits von der nächsten Generation übernommen worden. Auch die Begeisterung, sich dem Kampf um das beste Dinner zu stellen und dabei andere interessante Höfe zu erkunden, springt offensichtlich von einer Generation auf die nächste über. So zum Beispiel bei Eva Bird aus Staffel 23 und ihrer Mutter Bärbel Bird, die bereits seit 2016 Teil der „Land & lecker"-Familie ist.

Jede Sendung ein Highlight

Seit 15 Jahren gibt es bei „Land & lecker“ einzigartige Touren mit echten Originalen, besten Zutaten und köstlichen Menüs.

Die Höfe, die bei „Land & lecker“ besucht werden, sind so vielseitig wie die Menschen, die auf ihnen leben und arbeiten. Die Landfrauen und Landmänner zeigen auf jeweils ganz individuelle Weise, wie vielseitig, abwechslungsreich und spannend Landwirtschaft sein kann. Sie pflegen Traditionen und erfinden zugleich die Landwirtschaft immer wieder neu. Auf ihren Höfen erleben wir Unerwartetes, Erstaunliches, Beeindruckendes und Lustiges. Die Highlights dieser eineinhalb Dekaden sind kaum zu zählen.

Wildschwein zum Geburtstag Die Geburtsstunde von „Land & lecker“ war am 2. September 2009 im Münsterland, wo in der allerersten Folge mit Irmgard Gräfin von Looz-Corswarem eine echte Adelige auf ihren Hof einlud und von ihrem Mann erlegtes Wildschwein servierte. Damals wurden die Landfrauen noch im Neoplan-Bus aus den 1950er-Jahren durch die vielseitige Landschaft Nordrhein-Westfalens chauffiert. In den ersten Staffeln kochten nur Frauen um den Sieg. Seit dem Jubiläum zum Zehnjährigen 2019 nehmen auch Männer teil. Erster Landmann in der Geschichte von „Land & lecker“ war 2019 übrigens Henner Erpenbeck (Staffel 16) und sorgte damit für ein kleines Déjà-vu. Den Fans der Sendung war der Familienhof in Lengerich noch in guter Erinnerung, vier Jahre zuvor hatte nämlich bereits seine Mutter Freya (Staffel 8) zum Staffelfinale auf Gut Erpenbeck empfangen, einem geschichtsträchtigen Ort, wo 1994 mit der englischen Prinzessin Anne bereits der internationale Hochadel zu Gast gewesen war.

> „Der Mut und die Kreativität der Landfrauen und -männer hält Traditionen lebendig und erfindet sie immer wieder neu.“

Aufs Rad gekommen. Seit 2019 geht es per E-Bike kreuz und quer durch die Regionen: vom Münsterland und von Ostwestfalen-Lippe durchs Sauerland und Ruhrgebiet an den Niederrhein und vom Rheinland bis in die Eifel. Die besuchten Höfe blicken zum Teil auf eine viele Jahrhunderte alte, bewegte Geschichte zurück – wie zum Beispiel der Waldhof Schulte Spechtel in Dorsten (Staffel 22). Teils werden die Höfe von den Familien seit vielen Generationen selbst bewirtschaftet. Mit Marie Owens (Staffel 23) arbeitet beispielsweise die 19. Generation auf dem Tiggeshof im Sauerland. Und oft leben und arbeiten drei oder sogar vier Generationen gleichzeitig unter einem Dach, wie bei Sonja Girndt (Staffel 22) am Niederrhein. Starke Gemeinschaften, in der Jung und Alt, Geschwister oder Gleichgesinnte zusammen leben und arbeiten, Wissen und Verantwortung teilen, sind oft das Erfolgsgeheimnis der Betriebe. Hier und da werden Höfe zu WGs, wie der Vauß-Hof bei Anja Pötting in Salzkotten (Staffel 18), andere teilen ihre Flächen samt Obst und Gemüse als Solawi (siehe Seite 153) mit vielen, wie Marie Woeste im Sauerland (Staffel 21). Wieder andere erfüllen sich den Lebenstraum als mutige Quereinsteiger ohne landwirtschaftlichen Background, so beispielsweise Martin Riffelmann aus Schmallenberg (Staffel 19), der vom Mediziner zum glücklichen Senfmüller wurde.

Wenn es keine Berufung ist, dann ist es die Liebe, die einige Menschen auf die Höfe ziehen lässt, manchmal sogar um die halbe Welt, wie beispielsweise Jono Owens aus Neuseeland, von dem auch in diesem Buch erzählt wird.

In 15 Jahren gab es jede Menge große und kleine Tiere auf den Höfen zu entdecken. Alte, fast vergessene Rassen, aber auch außergewöhnliche Nutztiere, zum Beispiel Strauße in Wermelskirchen oder Alpakas auf den Wiesen von Windeck. Auf der Straußenfarm wird alles vom Ei bis zum Fleisch verwertet.
Die Alpakas liefern nicht nur hochwertige Wolle, auch Wanderungen mit den Andenbewohnern gehören zum Konzept des Hofes.

15 Jahre landwirtschaftliche Vielfalt Ob Nutztiere oder Feldfrüchte, mit ihrer Liebe zu guten Produkten sorgen die Landfrauen und Landmänner dafür, dass die Vielfalt an regionalen Lebensmitteln nicht nur erhalten bleibt, sondern auch erweitert wird. Durch die Zucht bedrohter oder ganz spezieller Nutztierrassen und fast verschwundener Getreidesorten, Gemüse und Co., aber auch, indem sie sich an eher ungewöhnliche Tiere und Pflanzen wagen. So begegnet man neben kostbaren Wagyu-Rindern bei Patrick Balster im Münsterland

„Mit Leidenschaft für gute Produkte sorgen die Landfrauen und -männer für regionale Vielfalt auf dem Teller."

(Staffel 18) auch Straußen und eine Mini-Herde Bisons bei Suse Burghoff im Bergischen Land (Staffel 11) oder Alpakas bei Petra Borrmann im Rhein-Sieg-Kreis (Staffel 16). Die Tiere können mehr, als nur Nutztiere sein, die Milch, Eier oder Fleisch liefern. Alpakawanderungen, Hofkindergärten und viele weitere Ideen zeigen, wie vielseitig ein moderner landwirtschaftlicher Betrieb aufgestellt sein kann. Ilona Kuhlen im Vorgebirge bot mit ihren Vierbeinern zum Beispiel Ziegen-Yoga an (Staffel 4).

Schützenswerte Landschaften Nicht nur zum Erhalt der Vielfalt an Nutztieren und -pflanzen tragen die Teilnehmerinnen und Teilnehmer von „Land & lecker" bei. Sie zeigen mit innovativen wie auch traditionellen Konzepten, wie Landwirtschaft und Naturschutz neben- und miteinander funktionieren können. Beispielsweise durch die Umwandlung landschaftlicher Nutzflächen in Schutzzonen für Bienen und Insekten, wie bei Jochen Kanders am Niederrhein (Staffel 23), oder Katja Leendertz und ihre Schwester Silja, die am Niederrhein (Staffel 21) rund um den Heilmannshof im eigenen Landschaftspark ein beeindruckendes Naturbiotop geschaffen haben. Wie Nutztierhaltung zugleich auch Landschaftspflege und Naturschutz sein kann, zeigen auch Schäfer Michael Stücke in diesem Band oder Lisa Anschütz im Windecker Wand (Staffel 14) mit ihren Bentheimer Schafen und Glan-Rindern.

Zeit zu feiern 15 Jahre Hofbesuche, 15 Jahre Familiengeschichten und 15 Jahre kulinarische Köstlichkeiten sind Grund zum Feiern. Darum gibt es zum Jubiläum eine Sondersendung, die die „Land & lecker"-Familie hochleben lässt. Die Spitzenköche Björn Freitag und Frank Buchholz besuchen Familien der vergangenen Jahre und tragen spannende Zutaten der Höfe zusammen. Sie starten auf dem 350 Jahre alten Milchhof der Familie Strothlüke, die 2018 in Staffel 14 teilnahm. Weiter geht es zur Kräutergärtnerei Thees, deren ausgefallene Gemüsesorten man 2017 in Staffel 11 kennenlernen durfte. Anschließend wird der Fischhof von Walburga Baumüller aus 2012 in Staffe 4 besucht, bevor es bei den Bochröder-Brüdern, die 2023 teilnahmen und auch in diesem Buch zu finden sind, in die jüngere Vergangenheit zurückgeht. Ihre Jubiläumsreise endet auf Gut Erpenbeck. Dort wird natürlich gemeinsam gekocht und mit gutem Essen gefeiert.

Landküche vom Feinsten So unterschiedlich die Menschen und Geschichten aller 23 Staffeln sind, verbindet sie die Freude an guten, regional produzierten Lebensmitteln – am liebsten vom eigenen Hof –, die Freude am Kochen und Genießen. Die Rezepte der 22. und 23. Staffel, von regional bis inspiriert aus aller Welt, füllen nun schon das siebte sendungsbegleitende Kochbuch. Mögen noch viele folgen!

Niederrhein

Die Nähe zum namensgebenden Fluss prägt diese Region mit typischen Auenlandschaften, die sich durch Feuchtgebiete, Flussauen und Auenwälder auszeichnen. Sie bilden den Lebensraum für viele Pflanzen und Tiere. Kleine Wälder und Forste durchziehen die Landschaft, bieten Erholung und tragen zur Biodiversität bei. Daneben spielt die Landwirtschaft am Niederrhein eine große Rolle.

Die Staffeleröffnung 2023 findet in Kamp-Lintfort am unteren Niederrhein statt. Bei Eva Bird, Bruder Paul und der Familie sind Tierwohl und Fleischverarbeitung für alle transparent, Mensch und Tier führen ein saugutes Leben.
Auch 2024 startet der Niederrhein aus der „Land & lecker“-Poleposition. Heute gibt es auf dem Hof in Uedem, den Jochen Kanders in fünfter Generation betreibt, kein Großvieh mehr, dafür Tausende Insekten und Wildtiere.

Eva möchte ihre „Land & lecker“-Gäste gemeinsam mit ihrem Bruder Paul auf der neuen Außenterrasse des Hofcafés mit vielen Produkten vom Hof verwöhnen: „Zum Hauptgang für mein Dinner gibt es leckere Tomahawk-Steaks, in der Outdoorküche erst geräuchert und dann gegrillt. Dazu werden selbst gemachte Bandnudeln und Möhrchen vom Grill gereicht. Zum Abschluss gibt es eine köstliche Eierlikör-Mousse samt traumhaftem Ausblick von der Terrasse.“

Eva Bird

Wo Tierwohl und Metzgerei für alle transparent sind – am westlichsten Rand des Ruhrgebiets führen Mensch und Tier ein saugutes Leben.

Harmonie dank Arbeitsteilung Kamp-Lintfort liegt am unteren Niederrhein. Im westlichen Stadtteil Hoerstgen bewirtschaftet Eva Bird mit ihren Eltern Klaus und Bärbel sowie Bruder Paul den Biohof Frohnenbruch. Das frühere Rittergut ist seit 170 Jahren in Familienbesitz – inzwischen wird es in sechster und siebter Generation mit Rindern, Schweinen und Geflügel auf über 100 Hektar Land bewirtschaftet. Vor sieben Jahren hat bereits Bärbel bei „Land & lecker" mitgemacht. Schon 2016 durften 200 Limousin-Rinder fast das ganze Jahr über draußen auf den saftigen Wiesen verbringen. Außerdem hielten die Birds zu dieser Zeit etwa 1000 fleißige Legehennen und Bruderhähne. Bereits damals wurden sie in einem eigenen mobilen Stall großgezogen. Schon zu der Zeit war klar, dass Tochter Eva, mit der sie beim Kochen ein gutes Gespann gebildet hatte, beruflich und

„Das Tierwohl steht bei uns Birds an erster Stelle."

kulinarisch in die Fußstapfen ihrer Mutter treten würde. Es ist spannend zu sehen, was sich seitdem auf dem Biohof Frohnenbruch getan hat. Eva ist wie ihre Mutter Fleischermeisterin und auf dem Hof für die Verarbeitung, das Produktsortiment sowie die Vermarktung der eigenen Waren zuständig. Die 28-Jährige und ihr zwei Jahre jüngerer Bruder Paul übernehmen im Familienbetrieb nach und nach immer mehr Verantwortung. Mit neuen Ideen wollen die Geschwister den Hof fit für die Zukunft machen. Dabei ist beiden wichtig, dass jeder einen eigenen Bereich hat – das Geheimrezept dafür, dass die Zusammenarbeit auf dem Hof so gut funktioniert. Seit 2002 ist dieser Bioland-zertifiziert.

Richtig glückliche Outdoorschweine Eine wegweisende Idee, mit der die Birds in die Zukunft gehen, ist die Umstellung der Schweinezucht auf Freilandbetrieb im Jahr 2020. Schweinehaltung und Ackerbau sind Pauls Revier. Auf einer Fläche von rund hundert Fußballfeldern werden unter anderem Ackerbohnen, Weizen und Gerste ganz ohne Einsatz chemischer Unkrautvernichtungsmittel angebaut. Der 26-Jährige ist gelernter Landwirt und beschäftigt sich intensiv mit Tierhaltung. Seine Herde hat er stetig vergrößert. Mit rund 160 Mastschweinen plus zehn Sauen samt Ferkeln ist die Herde eine der größeren in Nordrhein-Westfalen. Ganz nachhaltig und sehr praktisch dient unter anderem der Kot der Schweine als Dünger. Die äußerst naturnahe Form ihrer Freilandhaltung ist eher selten. Die Bentheimer, Duroc- und Sattel-Schweine rotierten halbjährlich auf einem Areal von etwa 17 Hektar in die Fruchtfolge integriert im Wechsel mit Getreide, Mais, Raps und Kleegras. Hier kann das Borstenvieh seinen natürlichen Verhaltensweisen entsprechend leben. Es kann sich frei bewegen, grasen und wühlen, sich in selbst gebuddelten, wassergefüllten Löchern nach Herzenslust suhlen und dabei abkühlen. Die vielseitige Umgebung aus verschiedenen Böden und Pflanzen bietet den Schweinen Abwechslung samt mentaler Anreize, was wiederum die Langeweile der Tiere reduziert. Dies sind wichtige Faktoren für ihr psychisches Wohlbefinden. Sie reduzieren ihren Stress und dadurch hervorgerufene Verhaltensprobleme wie zum Beispiel das Schwanzbeißen oder ein dem Menschen oder Artgenossen gegenüber aggressives Verhalten. Denn Schweine sind von ihrem eigentlichen Wesen her sehr soziale Tiere. Darum profitieren sie von der Möglichkeit, im Freiland in Gruppen zu leben. Soziale Bindungen können hier sowohl zwischen Sauen und ihren Ferkeln als auch in der gesamten Gruppe wesentlich besser entwickelt und gepflegt werden als in der Enge der Stallhaltung. Mehr Platz und viel Auslauf sorgen neben mehr Lebensqualität und der Möglichkeit des natürlicheren Verhaltens für bessere

KOPF
RÜCKEN
FLÜGEL
KEULE
RÜCKENSPECK
SCHINKEN
KOTELETT
SCHULTER
NACKEN
KOPF
SPARERIBS
BAUCH

körperliche Fitness und Muskelentwicklung, was wiederum zur allgemeinen Gesundheit und Robustheit der Tiere beiträgt. Auch Luft und Sonnenlicht stärken ihr Immunsystem, das ist beim Schwein nicht anders als beim Menschen. Das Risiko für Erkrankungen der Atemwege, zu denen die Enge in den Stallungen häufig führt, sinkt in der Freilandhaltung merklich. Hier können Sauen sogar auf natürlichem Wege trächtig werden und ihre Jungen selbst aufziehen. Für tragende Sauen gibt es eine Transponderfütterung, die mittels Windkraft und Fotovoltaik mit Energie versorgt wird. Unterschlupf suchen kann das Borstenvieh auf der eigenen Weide in einer Wetterschutzhütte. Im Winter heizen die Tiere die Hütten nur durch ihre Körpertemperatur auf rund 20 Grad Celsius auf. Hier werden auch die Ferkel geboren. „Die säugenden Sauen kehren mit Erde am Gesäuge in ihre Hütten zurück. Die Ferkel säubern daran und nehmen dabei Eisen aus dem Boden auf", erklärt Paul. Das erspart die Eisenbeigabe zum Futter und sorgt gemeinsam mit der Freilandhaltung für ein gesünderes Aufwachsen widerstandsfähigerer Ferkel. Glücklicher kann ein Schweineleben wohl kaum sein.

„Mit der gläsernen Metzgerei wollen wir mit Transparenz in die Zukunft gehen."

Mutterkuhhaltung und mobile Hühner Neben den Schweinen gibt es auf dem Hof rund 150 Limousin-Rinder, die für ihre beste Fleischqualität bekannt sind. Die Kälber leben – ähnlich den Sauen und ihren Ferkeln – in ökologischer Mutterkuhhaltung. Die Mutterkühe kalben einmal im Jahr. Anschließend bleiben die Kleinen auf den Weiden bei ihren Müttern und werden von ihnen gesäugt. Den Sommer über im Freien zu leben macht auch sie sehr widerstandsfähig. Die kalte Jahreszeit dürfen die Wiederkäuer in einem nach allen Seiten offenen Außenklimastall verbringen. Die Nutztierhaltung komplettieren etwa 1000 Hennen in vier Hühnermobilen. Auch die männlichen Geschwister bleiben bis zur Schlachtreife auf dem Hof und werden im Hofladen als Bruderhähnchen oder Fleischhähnchen verkauft.

Durchblick für Kunden dank gläserner Metzgerei Da das Bioland-Schweinefleisch so beliebt ist, wird inzwischen wöchentlich geschlachtet. Alle eigenen Produkte verkaufen die Birds in einem 2023 vergrößerten und samt Café am Weiher neu eröffneten Hofladen auf großzügigen 240 Quadratmetern in einer ehemaligen Scheune. Ein ansprechendes Vollsortiment anderer Bioprodukte ergänzt das Angebot. Das Besondere: Evas Reich, die gläserne Metzgerei, gewährt mit ihren großen Fenstern Einblicke in das gesamte Handwerk der Fleisch- und Wurstverarbeitung. So können auch die Kundinnen und Kunden sehen und erleben, wie die Spezialitäten aus den auf dem Hof aufgewachsenen Tieren entstehen. Handwerkskunst derart transparent zu machen ist ein guter Weg, um auf Seite der Käuferinnen und Käufer das Bewusstsein für Qualität zu schärfen. Die offene Sichtbarkeit unterstreicht Hygiene und Frische, während der Einblick in traditionelle Handwerkstechniken auch bildenden Wert hat. Solche Transparenz ist ein wichtiger Schritt in Richtung Zukunftsfähigkeit, zumal sie helfen kann, die Verbindung zwischen Produzenten und Verbraucherinnen und Verbrauchern zu stärken.
Familie Bird ist ein großartiges Beispiel dafür, wie generationsübergreifende Zusammenarbeit bestens funktioniert. Eva und ihr Partner Kevin freuen sich aktuell auf Nachwuchs. Im Herbst 2024 eröffnen die ersten Tiny Houses für Feriengäste. Und sicher haben Eva und ihr Bruder Paul noch mehr Ideen, um den Hof in eine saustarke Zukunft zu führen.

Baguette

mit Leckereien aus der Metzgerei

Zutaten für 8 Personen

Für 2 Baguettes
500 g Mehl Type 405 oder 550
+ mehr zum Arbeiten
1 TL Salz
Zucker
1 Würfel frische Hefe (42 g)
2 EL Olivenöl

Dazu
Leberwurst, Blutwurst, Griebenschmalz, Rinder- und Schweinemettwürstchen

Utensilien
Backblech
Backpapier

1. Mehl, Salz und 1 Prise Zucker in einer Schüssel vermischen. Die Hefe hineinbröckeln und 300 ml lauwarmes Wasser dazugeben. Alle Zutaten in der Küchenmaschine oder mit dem Handrührgerät verkneten, bis kein Mehl mehr zu sehen ist, dabei auch das Olivenöl einarbeiten. Den Teig zugedeckt an einem warmen Ort 2 Stunden ruhen lassen, bis er sein Volumen verdoppelt hat.

2. Den Teig auf eine stark bemehlte Arbeitsfläche legen und mithilfe einer Teigkarte oder mit einem Messer in 2 gleich große Portionen teilen. Jedes Teigstück mit den Händen zu einem etwa 40 cm langen Strang formen und die Baguettes auf ein mit Backpapier belegtes Backblech legen. Mit etwas Mehl bestäuben und zugedeckt ruhen lassen, bis der Ofen auf 230 °C Ober-/Unterhitze (Umluft 210 °C) vorgeheizt ist und die Teiglinge schön aufgegangen sind.

3. Um Dampf im Ofen zu erzeugen, ein ofenfestes Porzellangefäß mit Wasser befüllen und auf den Boden des Backofens stellen. Die Baguettes mehrmals schräg leicht einschneiden und im Ofen auf der mittleren Schiene 25 bis 30 Minuten backen. Das Blech herausnehmen, das Backpapier vom Blech ziehen und die Baguettes auf einem Gittert vollständig auskühlen lassen.

4. Die abgekühlten Baguettes schräg in Scheiben schneiden und in einem Brotkorb oder auf einer flachen Schale präsentieren. Die Wurstvarianten dazu anbieten, jeder nimmt sich selbst. Butter ist nicht nötig, aber natürlich erlaubt.

Tomahawk-Steak

mit karamellisierten Möhren und hausgemachten Bandnudeln

Zutaten für 8 Personen

Für die Bandnudeln
1,2 kg Mehl Type 405
400 g feiner Hartweizengrieß + mehr zum Bestäuben
16 Eier (M)
8 TL Öl
2 TL Salz + Salz zum Kochen

Für die karamellisierten Möhren
ca. 25 Möhren (gerne bunte)
50 g Butter
6 TL Zucker
Salz · Pfeffer aus der Mühle

Außerdem
8 geräucherte Tomahawk-Steaks (selbst geräuchert oder beim Metzger vorbestellen)

Utensilien
Nudelholz
Kernthermometer

1. Für die Bandnudeln alle Zutaten auf einer sauberen Arbeitsfläche mit den Händen zu einem geschmeidigen Teig kneten. Wenn der Teig noch reißt oder zu hart ist, ein kleines bisschen Wasser einarbeiten. Den Teig in Frischhaltefolie einwickeln und mindestens 30 Minuten im Kühlschrank ruhen lassen.

2. Den Teig in 2 gleich große Portionen teilen und jeweils auf einer bemehlten Arbeitsfläche gleichmäßig mit einem Nudelholz ausrollen. Dabei stets von der Mitte nach außen rollen. Den Teig immer wieder wenden und mit Mehl bestäuben. Wenn der Teig etwa 1 mm dick ist und sich nicht mehr zusammenzieht, hauchdünn mit feinem Hartweizengrieß bestreuen und mehrmals in eine Richtung zusammenfalten.

3. Die gefalteten Teigrollen in die gewünschte Breite schneiden (ideal sind 0,5 bis 1 cm) und nach dem Schneiden mit den Händen direkt etwas auflockern. Die Bandnudeln kurz vor dem Servieren in Salzwasser 2 bis 3 Minuten gar kochen. In ein Sieb abgießen.

4. Für die karamellisierten Möhren die Möhren schälen, putzen, waschen und in Wasser bissfest kochen. Die Butter in eine Pfanne geben und den Zucker darin schmelzen. Die Möhren dazugeben und karamellisieren. Sie sollen etwas Farbe annehmen.

5. Die Steaks 15 Minuten vor dem Grillen aus dem Kühlschrank nehmen, damit sie nicht zu kalt sind. Die Steaks auf den Grill legen und bei mittlerer Hitze grillen. Einmal wenden. Mit einem Kernthermometer die Kerntemperatur prüfen, sie sollte am Ende bei 64 bis 70 °C liegen.

6. Die Steaks mit den Nudeln und den karamellisierten Möhren auf Tellern anrichten und servieren.

EVAS TIPP: Dazu passt auch Kräuterbutter. Dafür einfach weiche Butter mit Salz, Kräutern nach Wahl und Knoblauch nach Belieben vermischen.

Eierlikörmousse

mit weißer Schokolade auf Heidelbeercreme

Zutaten für 8 Personen

Für die Eierlikörmousse
200 g Sahne
4 g Gelatine
100 g weiße Schokolade
1 Ei (M)
30 g Zucker
8 g Vanillezucker
250 ml Eierlikör
200 g Schmand

Für die Heidelbeercreme
1 Packung (16 g) gefriergetrocknete Heidelbeeren
200 g Schmand
200 g Frischkäse
30 g Zucker

Utensilien
8 Dessertgläschen

1. Für die Eierlikörmousse die Sahne halb steif schlagen. Die Gelatine in kaltem Wasser einweichen. Die weiße Schokolade fein hacken.

2. Ei, Zucker und Vanillezucker in einer Metallschüssel mit den Quirlen des Handrührgeräts 2 Minuten verrühren. Über einem heißen, nicht kochendem Wasserbad etwa 8 Minuten schaumig rühren, bis eine cremigfeste Masse entsteht.

3. Den Topf mit dem Wasserbad vom Herd nehmen. Die Gelatine gut ausdrücken und unter leichtem Rühren in der heißen Masse auflösen. Die fein gehackte Schokolade ebenfalls hinzufügen und den Eierlikör unterrühren.

4. Die Schüssel in ein Spülbecken mit kaltem Wasser stellen und die Masse unter Rühren abkühlen lassen. Nun erst den Schmand unterrühren und dann die geschlagene Sahne vorsichtig unterheben. Die Masse in die Gläschen füllen und kalt stellen.

5. Für die Heidelbeercreme die gefriergetrockneten Heidelbeeren in einem Mixer pulverisieren. Dann mit dem Schmand, dem Frischkäse und dem Zucker vermischen. Die Heidelbeercreme auf die Mousse in die Gläser füllen. Dazu passen frische Beeren. Guten Appetit!

EVAS SERVIERTIPP: Für die Gäste habe ich die Mousse in einem Spritzbeutel mit Sterntülle kalt gestellt und später in Schokoladeneierhälften serviert. Für die Schokoladenschälchen füllen Sie 300 g geschmolzene Vollmilch- oder Zartbitterkuvertüre in Silikonformen mit eiförmigen Mulden, verteilen sie durch Schwenken der Formen und gießen überschüssige Kuvertüre wieder aus. Die Heidelbeercreme habe ich mithilfe eines Spritzbeutels in einer langen Bahn wellenförmig auf Teller gespritzt und die Schokoladeneierhälften mit der Mousse daraufgesetzt, je zwei pro Person. Und man kann auch noch Schokogitter in die Mousse stecken als Deko.

Sofern das Wetter mitspielt, lässt Jochen Kanders sein „Land & lecker“-Menü selbstverständlich in der Blumenweide stattfinden. Das über dem offenen Feuer selbst gemachte Stockbrot mag nicht nur seine eigene Familie sehr gern, hier wird sicher auch die eine oder andere Kindheitserinnerung wach. Und mit kandierten Blüten im Dessert zum krönenden Abschluss des Menüs geht die Liebe zu den Blumen nicht nur zu Herzen, sondern auch durch den Magen.

Jochen Kanders

Am unteren Niederrhein im Kreis Kleve zeigt ein engagierter Landwirt, was es bedeutet, Zukunftsbauer zu sein.

Landwirtschaft 4.0 2006 hat Jochen Kanders den seit 1876 in Familienbesitz befindlichen Betrieb in der Gemeinde Uedem als fünfte Generation übernommen. Hier lebt und arbeitet er mit seiner Frau Marlene, den Kindern Mirja und Freda sowie seinem Vater. Damals war der Welleshof noch ein klassischer landwirtschaftlicher Betrieb mit 60 Milchkühen und 500 Mastschweinen. Mit Übernahme durch den staatlich geprüften Landwirt zog der Wandel ein, das Alte hat Platz für neue Energien, Forstwirtschaft und Ackerbau gemacht. 2011 hat er anstelle der Schweine auf eine Biogasanlage umgestellt, inzwischen gehören auch mehrere Fotovoltaikanlagen zum Energiegewinnungskonzept. 2017 sind die Kühe gewichen, denn der Ertrag stand in keinem Verhältnis mehr zum Aufwand, zeitlich wie finanziell. „Die Viehwirtschaft einzustellen, war die beste Entscheidung meines Lebens", sagt der 46-Jährige. Aktuell bewirtschaftet er etwa 85 Hektar Ackerland, auf dem Kartoffeln, Zuckerrüben, Weizen und Mais wachsen. Daneben werden 14 Hektar Wald forstwirtschaftlich genutzt. Die Holzwirtschaft mit der Produktion von Kamin- und Anzündholz ist das zweite Standbein. „Ich mag Holz, ich mag den Werkstoff und seinen Geruch", schwärmt der Landwirt.

> **„Um als Landwirt in eine sichere, gesunde Zukunft zu gehen, bedarf es weit mehr als nur den Blick auf Wirtschaftlichkeit."**

Vom simplen Acker zum bunten Bienenparadies Neben Ackerbau und Holzwirtschaft legt er mit dem Projekt „Bienenweiden" den dritten Schwerpunkt seiner Arbeit auf den Schutz der Artenvielfalt. Auf Teilen seiner Ackerbauflächen baut er Blühpflanzen an, die insbesondere Wildbienen Pollen und Nektar finden lassen. Gewonnenes Saatgut brachte Jochen 2016 auf diese Idee. „Ich war selbst erstaunt, festzustellen, was in einer Bienenweide alles summt, brummt, kreucht und fleucht", erinnert er sich. Inspiriert durch die Aktion „Rettet die Bienen" und die grandiose Idee eines Kollegen, bot Jochen Anfang 2019 per Inserat eine Patenschaft für 100 Quadratmeter Bienenweide an.
Das ungewöhnliche Angebot fand große Aufmerksamkeit und das Projekt nahm rasch Fahrt auf. Bereits ein knappes halbes Jahr später hatten über 140 Menschen Patenschaften übernommen. Gemeinsam mit Jochens großem Eigenengagement waren das die besten Voraussetzungen für ein langfristiges Projekt. Und Langfristigkeit ist wichtig: Nur, wenn man den Boden mindestens zwei Jahre lang in Ruhe lässt, können hier Wildbienen nisten. Inzwischen bewirtschaftet er mit rund 180 Patinnen und Paten über drei Hektar seiner Flächen als Bienenweiden und hat für ähnliche Projekte selbst weitere sechs Hektar Land an Waldrand- und Gewässerstreifen bunt und vielfältig eingesäht. Die Patinnen und Paten erhalten Infos und Fotos zum Wachstumsverlauf und eine Standortmitteilung der Bienenweide. Auch mit Kindern und Jugendichen arbeitet der 46-Jährige in verschiedenen Projekten zusammen und baut mit ihnen zum Beispiel große Bienenhotels.

Auf der Wiese zum Arterhalt Die Anstrengungen zeigen Erfolge: Ein Insektenkundler kartiert in regelmäßigen Abständen die Wiesen, jüngst konnten sie 373 Wirbellosenarten bestimmen, darunter 84 Fliegen-, 75 Wespen-, 50 Käfer-, 43 Wanzen- und 36 Bienenarten – inklusive neun, die auf der Roten Liste der vom Aussterben bedrohten Tiere stehen –, sowie jeweils 15 Spinnen- und Schmetterlingsarten. 2019 hatten

sie gerade einmal 90 Insektenarten zählen können. „Der durch die Kartierungen messbare Erfolg und die Rückkehr selbst gefährdeter Arten geben einem recht. Sehr motivierend ist aber auch das tolle Farbenspiel, zum Beispiel zwischen rotem Klatschmohn und blauer Kornblume, das sehr schön anzusehen ist“, erzählt der Naturschützer.
Weitere Projekte laufen: Sind nicht genug natürliche Nistplätze vorhanden, werden sie beispielsweise in Form von Steinhaufen, Totholzhaufen und Sandarien angelegt. In einem Jagdgebiet innerhalb seiner Flächen realisiert er vernetzte Biotope und bricht mit ihnen die Flächenstrukturen auf. Ein spezielles Rebhuhn- beziehungsweise Bodenbrüterprojekt soll für den Nachwuchs der vom Aussterben bedrohten Art Sorge tragen.

Bunter Lebensraum – bunte Tierwelt Doch die blühende Vielfalt mögen nicht nur Insekten, sondern sie lockt auch Vögel an. Zum Beispiel die gefährdete Feldlerche und das vom Aussterben bedrohte Rebhuhn fühlen sich in den Bienenwiesen wohl. Für Reptilien und Kleinsäuger sind sie Nahrungsquelle und Lebensraum zugleich. Auch Niederwild wie Feldhasen, Fasane und Rehe mögen die bunte Pracht und können sich hier bestens verstecken. Die Pflanzen sind damit Pollen- und Nektarspender, Nahrungsquelle, Ort für Schutz und Brutplatz zugleich. Das ist eine ganze Menge, aber die Pflanzenvielfalt kann nicht nur anderen dienen, sondern selbst noch mehr sein: Durch die Förderung all dieser Nützlinge erhalten die Wiesen das biologische Gleichgewicht. Zudem beugt das Wurzelwerk jeder einzelnen von ihnen Nährstoffverlusten und Bodenerosionen vor. Nach Bedarf werden alle drei bis fünfJahre die alten Blühflächen gepflügt, um zu vermeiden, dass das Gras überhandnimmt und den Wuchs der Blumen unterdrückt. Anschließend wird mit einer Saatgutmischung 65 ausgesuchter, ein- und mehrjähriger Wildkräuter, die sich durch Blühfreude sowie reiches Nektar- und Pollenangebot von April bis November auszeichnen, ausgesäht – zum Beispiel Natternkopf, Wegwarte, Flockenblume, Wiesensalbei, Feldthymian und Fenchel.

> **„Mit vernetzten Biotopen zum Arterhalt beizutragen – darin liegt für mich die Zukunft.“**

Ausgezeichnete Arbeit Jochens Arbeit wird gesehen und wertgeschätzt. 2022 wurde er in der Kategorie „Landwirtschaft“ mit dem „Beebetter Award“ ausgezeichnet und damit für deutschlandweit vorbildlichen Wildbienenschutz geehrt. 2023 war er Gewinner beim Pflanzwettbewerb „Deutschland summt“ in der Kategorie „Vereinsgärten, Liegenschaften, Sonstige“. Im April 2024 wurde er für 2023 bei den Erwachsenen zweiter Gewinner beim „Klimaschutzpreis des Kreises Kleve“. „Die Auszeichnungen zeigen mir, dass unsere Bienenweide und das Engagement unserer Paten genau der richtige Weg sind, der Natur und unseren Insekten etwas Gutes zu tun“, sagt Jochen begeistert. Auch zukünftig möchte Jochen Bienendiversität und Artenvielfalt unterstützen. Denn ein Drittel aller weltweiten Nahrungsmittel wird durch Insekten und Bienen bestäubt. Aktuell verschwinden jährlich weltweit zwei Prozent der Insektenarten. Deswegen müssen alle gemeinsam etwas tun, anstatt nur aufeinander zu zeigen. „Wenn jeder seinen Teil dazu beiträgt, kann dem Insektensterben Einhalt geboten werden. Und wenn nur jeder eine Baumscheibe bepflanzt, ist schon viel getan!“

Dinkel-Hafer-Stockbrot

mit Möhren-Paprika-Butter und Käseaufstrich

Zutaten für 6 Personen

Für die Möhren-Paprika-Butter
1 kleine weiße Zwiebel (ca. 40 g)
60 g Butter
120 g Möhren
60 g Paprika-Gewürzpaste
½ TL getrockneter Oregano
½ TL getrockneter Thymian
½ gestrichener TL Salz
Zucker

Für den Käseaufstrich
100 g Frischkäse
125 g Feta
¼ Bund Petersilie ohne Stiele
Salz · Pfeffer aus der Mühle

1. Für die Möhren-Paprika-Butter die Zwiebel schälen, in feine Würfel schneiden und mit 1 TL Butter in einer Pfanne glasig dünsten.

2. Die Möhren putzen, schälen und in Scheiben schneiden. Möhrenscheiben, Paprika-Gewürzpaste, restliche Butter, Kräuter, Salz und 1 Prise Zucker in eine Pfanne geben und die Möhren etwa 5 Minuten andünsten.

3. Die Mischung in einen Mixer geben und pürieren bzw. mit einem Stabmixer pürieren. In ein gut verschließbares Glas umfüllen. Wird die Mören-Paprika-Butter noch heiß in Schraubgläser gefüllt, hält sie sich im Kühlschrank etwa 1 Woche. Warm oder kalt als Brotaufstrich oder Dip servieren.

JOCHENS TIPP: Die Möhren-Paprika-Butter eignet sich für eine histamin- und fruktosearme Ernährung. Bei stärkeren Beschwerden kann die Paprika-Gewürzpaste selbst hergestellt werden, um unverträgliche Zutaten zu vermeiden. Wer mag und es verträgt, kann 1 Knoblauchzehe, Currypulver und/oder Pfeffer hinzufügen und die Paprika-Gewürzpaste durch Tomatenmark ersetzen.

4. Für den Käseaufstrich den Frischkäse in eine Schüssel geben und glattrühren. Den Feta zerbröseln oder fein zerdrücken und zum Frischkäse geben. Die Petersilie waschen, trocken schütteln und fein hacken. Zur Frischkäse-Feta-Mischung geben und alles gut vermengen. Mit Salz und Pfeffer nach Geschmack würzen.

5. Den Käseaufstrich mindestens 30 Minuten im Kühlschrank ziehen lassen, damit sich die Aromen gut entfalten können. Den Käseaufstrich auf frischem Brot (z. B. Stockbrot) oder als Dip für Gemüsesticks servieren.

JOCHENS TIPP: Aufgrund der bereits salzigen Note des Fetas empfehle ich, zunächst auf zusätzliches Salz zu verzichten und am Ende zu probieren und ggf. nachzuwürzen. Wer mag, kann ganz nach Vorliebe und Geschmack auch andere frische Kräuter sowie Knoblauch verwenden.

Für das Stockbrot
450 g Milch
75 g Butter
30 g frische Hefe
ca. 75 g Zucker nach Geschmack
750 g Dinkelmehl Type 1050
75 g zarte Haferflocken
3 gestr. TL Salz

Utensilien
6 saubere, von der Rinde befreite Holzstöckchen

6. Für das Stockbrot die Milch in einem kleinen Topf erwärmen, bis sie handwarm (etwa 37 °C) ist. Die Butter hinzufügen, schmelzen lassen und den Topf vom Herd nehmen. Die Hefe zerkrümeln und mit dem Zucker in die lauwarme Milch-Butter-Mischung geben. Alles gut verrühren, bis sich die Hefe aufgelöst hat. Die Mischung etwa 10 Minuten ruhen lassen, bis die Hefe Blasen bildet.

7. In einer großen Schüssel das Dinkelmehl, die Haferflocken und das Salz vermischen. Die Hefe-Milch-Mischung hinzufügen und alles einige Minuten zu einem geschmeidigen Teig verkneten. Ist der Teig noch zu klebrig, etwas mehr Mehl oder Haferflocken unterarbeiten.

8. Den Teig abgedeckt an einem warmen Ort etwa 2 Stunden gehen lassen, bis er sein Volumen verdoppelt hat.

9. Den Teig in 6 kleine, etwa faustgroße Portionen teilen. Jede Teigportion mit den Händen um die Enden der Stöckchen modellieren. Das Stockbrot über dem Lagerfeuer oder Grill goldbraun backen, dabei regelmäßig drehen, damit es gleichmäßig gart.

10. Das fertig gebackene Stockbrot mit der Möhren-Paprika-Butter und dem Käseaufstrich servieren.

JOCHENS TIPP: Ursprünglich basiert dieses Stockbrot-Rezept auf einem Teig für einen Hefezopf. Da unsere Kinder gerne Stockbrot essen, habe ich das Rezept so abgewandelt, dass es uns einerseits besonders gut schmeckt und andererseits auch bekömmlich ist.

Wagyu-Roastbeef von der Feuerplatte

mit Spargel, Rosmarin-Schmörkes und Sour Cream

Zutaten für 6 Personen

Für das Roastbeef
ca. 1,2 kg Wagyu-Roastbeef
Salzflocken nach Geschmack
Pfeffer aus der Mühle nach Geschmack

Für die Rosmarin-Schmörkes
1,5 kg Frühkartoffeln (Drillinge)
1 Bund Rosmarin
2 EL Olivenöl
Salzflocken

1. Für das Roastbeef das Wagyu-Roastbeef 30 bis 60 Minuten vor dem Grillen aus dem Kühlschrank nehmen, um es auf Raumtemperatur zu bringen. Mit Küchenpapier trocken tupfen. Die Feuerplatte (alternativ den Gasgrill mit Plancha) auf hohe Temperatur vorheizen.

2. Zum Grillen das Roastbeef auf die heiße Feuerplatte (oder Plancha) legen und von jeder Seite 4 Minuten scharf angrillen. Anschließend bei 150 °C in den indirekten Bereich des Gasgrills (alternativ in den Backofen) legen und bis zu einer Kerntemperatur von 54 bis 55 °C (medium) 30 bis 40 Minuten garen.

3. Das Roastbeef vom Grill nehmen und auf einem vorgewärmten Teller 5 bis 10 Minuten ruhen lassen, damit sich die Säfte im Fleisch verteilen.

JOCHENS TIPP: Das Besondere an diesem Rind ist die starke Fettmarmorierung des Fleisches. Das sorgt nicht nur für ein kräftig buttriges Aroma, sondern macht dieses Roastbeef auch extra zart.

4. Für die Rosmarin-Schmörkes, während das Roastbeef gart, die Frühkartoffeln gründlich waschen und je nach Größe halbieren oder vierteln. In einem Topf mit Wasser 10 bis 15 Minuten vorkochen, bis sie etwas weich sind.

5. Inzwischen den Rosmarin waschen, trocken schütteln und die Nadeln abzupfen. Die vorgekochten Kartoffeln abgießen und abtropfen lassen.

6. Die Kartoffeln in einer Stahlpfanne auf der Feuerplatte platzieren. (Alternativ auf dem Kohle- oder Gasgrill.) Die Kartoffeln in der Pfanne mit dem Olivenöl braten, dabei regelmäßig wenden, bis sie goldbraun und knusprig sind.

7. Den abgezupften Rosmarin dazugeben und 1 Minute ziehen lassen. Zum Schluss die Kartoffeln mit Salzflocken bestreuen, anschließend mit etwas Rosmarin dekorieren und heiß servieren.

JOCHENS TIPP: Wir essen sehr gerne Kartoffeln in vielen Variationen. Frühkartoffeln (Drillinge) sind schnell gekocht, da sie gründlich gereinigt und gegart auch mit der Schale gut schmecken. Und die Sour Cream passt perfekt dazu.

Für die Sour Cream
¼ Bund Schnittlauch
¼ Bund Petersilie ohne Stiele
10 Basilikumblätter
200 g saure Sahne
100 g Crème fraîche
1 EL Mayonnaise
ca. ½ TL Salz (oder mehr, nach Geschmack)
ca. ¾ TL Zucker (oder mehr, nach Geschmack)

Für den Spargel
1,5 kg violetter oder grüner Spargel
etwas Olivenöl
Salzflocken
3–4 TL Honig
einige Parmesanspäne (optional)
einige Pinienkerne (optional)

Utensilien
Feuerplatte und Gasgrill (alternativ Plancha)
Kernthermometer
Stahlpfanne für den Grill

8. Für die Sour Cream die frischen Kräuter waschen, trocken schütteln und fein hacken. Saure Sahne, Crème fraîche und die Mayonnaise in einer Schüssel mischen, dann die gehackten Kräuter unterrühren.

9. Mit Salz und Zucker nach Geschmack würzen. Am besten die Sour Cream vor dem Servieren 30 Minuten im Kühlschrank ruhen lassen, um die Aromen zu intensivieren.

10. Den Spargel waschen und die holzigen Enden abschneiden. Den Spargel in einer Schüssel mit etwas Olivenöl und Salzflocken marinieren und gut vermengen, bis die Stangen gleichmäßig damit bedeckt sind.

11. Den marinierten Spargel auf die heiße Feuerplatte legen und je nach Dicke etwa 10 Minuten grillen, dabei gelegentlich wenden, bis er bissfest und leicht gebräunt ist.

12. Den Spargel auf der Feuerplatte mit Honig beträufeln und salzen. Der gegrillte Spargel ist eine köstliche Beilage zu gegrilltem Fleisch, aber auch zu Fisch oder vegetarischen Gerichten, und eignet sich perfekt für eine größere Gruppe.

13. Zum Servieren das Wagyu-Roastbeef in dünne Scheiben schneiden und nach Belieben mit Salzflocken und zerstoßenem Pfeffer würzen. Mit dem gegrillten Spargel, den Kartoffeln und der Sour Cream servieren. Wer mag, streut noch einige Parmesanspäne und Pinienkerne über den Spargel. Viel Spaß beim Genießen!

JOCHENS TIPP: Der dunkelviolette Spargel ist eine besondere Form des Grünspargels. Spargel vom Niederrhein ist bekannt für seine hohe Qualität und seinen köstlichen Geschmack. Der Niederrhein, als eines der bedeutendsten Spargelanbaugebiete in Deutschland, bietet ideale Bedingungen für den Anbau von Spargel. Die sandigen Böden und das milde Klima tragen dazu bei, dass der Spargel hier besonders zart und aromatisch ist. Viele Spargelbauern am Niederrhein setzen auf traditionelle Anbaumethoden und ernten den Spargel von Hand, um die Qualität zu gewährleisten.

Sommerliche Quarkspeise

mit Erdbeeren und kandierten Blüten

Zutaten für 6 Personen

500 g Magerquark
375 g Mascarpone
75 ml Milch
75 g Puderzucker
1 Vanilleschote oder
1 ½ Päckchen Vanillezucker
30 g Honig
1 ½ TL Verjus (alternativ Zitronensaft)*
500 g Erdbeeren
60 g weiße Schokolade

Zum Servieren
18 kandierte oder frische Gänseblümchenblüten

Utensilien
6 Dessertgläser (à 290 ml)

1. Magerquark, Mascarpone, Milch, Puderzucker, Vanillezucker, Honig und den Verjus gut verrühren. Wer statt Vanillezucker eine frische Vanilleschote verwendet, halbiert die Schote der Länge nach mit einem spitzen Messer und kratzt das Vanillemark heraus.

2. Die Erdbeeren vorsichtig waschen, putzen und abtropfen lassen. Trocken tupfen und je nach Größe vierteln, achteln oder noch kleiner schneiden. Die weiße Schokolade in der Küchenmaschine oder mit einer groben Reibe nicht zu fein zerkleinern, sodass Stückchen in Streuselgröße entstehen.

3. Die Hälfte der Erdbeeren auf die Dessertgläser verteilen, sodass die Böden bedeckt sind. Die Schokostreusel mit einem Teelöffel darüberstreuen und die Quarkmasse einfüllen.

4. Die restlichen Erdbeeren mit dem Stabmixer pürieren. Das Püree auf der Quarkmasse verteilen, bis diese vollständig bedeckt ist.

5. Zum Schluss jede Portion mit je 3 Gänseblümchenblüten dekorieren. Wenn Sie kandierte Blüten verwenden, beachten Sie, dass diese vor der Verwendung trocknen müssen. Es ist daher ratsam, sie mindestens 1 Tag im Voraus herzustellen.

JOCHENS TIPP: In einem Griechenlandurlaub haben wir gerne Quark mit Honig gegessen. Zu Hause haben wir dieses Dessert mit teilweise heimischen Zutaten ergänzt, sodass für jeden Geschmack etwas dabei ist.
Auch ohne Erdbeeren schmeckt die Quarkspeise gut. Für Menschen mit Fruktose- und/oder Histaminintoleranz können diese daher weggelassen werden. Zudem bietet es sich in diesem Fall an, den Honig durch Zucker oder sogar Traubenzucker zu ersetzen. Hierbei sollte allerdings die unterschiedliche Süßkraft berücksichtigt werden.

*Verjus ist ein saurer Saft, der durch das Auspressen unreifer Trauben erzeugt wird. Verjus ist deutlich milder als Essig und kann bei Histaminintoleranz Zitronensaft oder Essig ersetzen.

Kandierte Blüten

mit Eiweiß

Zutaten für 2 Handvoll

1 Eiweiß (M)
100–250 g Zucker (je nach Größe der Blüten)
2 Handvoll essbare Blüten (z. B. Gänseblümchen)

Utensilien
feiner Backpinsel
Backpapier

1. Das Eiweiß und 1 TL Zucker in einer Schale mit einem Schneebesen oder Handrührgerät leicht schaumig, aber nicht steif schlagen.

2. Den restlichen Zucker auf einem Teller verteilen.

3. Die essbaren Blüten zunächst einzeln in die Eiweiß-Zucker-Mischung tauchen, evtl. mit einem Backpinsel die Blütenblätter korrigieren. Anschließend nacheinander in den Zucker tauchen und mit der Blüte nach unten auf das Backpapier legen.

4. Wenn alle Blüten auf dem Backpapier liegen, die Unterseite mit der Eiweiß-Zucker-Mischung bestreichen. Bei größeren Blüten kann es sinnvoll sein, anschließend den übrigen Zucker über die Blüten zu streuen. Die kandierten Blüten zum Trocknen an einen trockenen, warmen Ort stellen. Die Trocknung dauert 3 bis 4 Tage, abhängig von der Blütengröße, der Menge der Kandierung und dem Wetter. Die kandierten Blüten halten mindestens 1 Woche, so alt werden sie aber kaum werden.

JOCHENS TIPP: Wenn es schnell gehen soll, können Sie die Blüten auch im Backofen bei max. 50 °C Ober-/Unterhitze etwa 5 Stunden trocknen.

Eifel

Die Voreifel ist das Übergangsgebiet zwischen der flachen, landwirtschaftlich geprägten Kölner Bucht und der durch die Mittelgebirgslage bestimmten Eifel. Hier sind die Hügel sanft, die Felder weitläufig und die Waldstücke klein. Das Mittelgebirge der Eifel ist vulkanischen Ursprungs. Dichte Wälder dominieren die Landschaft und bieten Lebensraum für eine reiche Pflanzen- und Tierwelt.

2023 zeigt Christoph Bochröder aus Düren in der Voreifel, dass Bioanbau auf dem „Neuen Hof", den er mit seinen vier Brüdern und dem Vater betreibt, ein alter Schuh ist und hier aus Tradition heraus betrieben wird.
Lisa Schäfer von 2024 lebt und arbeitet mit ihrem Mann am Rand des Naturparks Eifel. Neben Ackerbau und Rinderzucht gilt ihre Leidenschaft dem Weinbau. Der Schutz des Bodens und der Natur ist den beiden eine Herzensangelegenheit.

An seinem „Land & lecker"-Tag möchte Christoph den Gästen zeigen, mit wie viel Begeisterung die ganze Familie Fleiß und Herzblut in den biodynamischen Betrieb steckt. Und weil hier alles am besten im Team funktioniert, packen bei den Vorbereitungen alle mit an. Als guter und geübter Koch ist Bruder Friedrich die perfekte Unterstützung in der Küche, sodass Teigtaschen, Rinderbraten und Rhabarber-Crumble trotz aller Nervosität bestens gelingen.

Christoph Bochröder

Rund 40 Kilometer von Aachen entfernt kümmern sich fünf Brüder und ihr Vater mit großer Leidenschaft um viel Land und jede Menge Tiere.

Bio aus Tradition Der Apfel fällt nicht weit vom Stamm: Regional, saisonal und bio sind in den letzten Jahren zu gern gebrauchten, zugkräftigen Schlagworten im Sprachgebrauch von Landwirtschaft, Kulinarik und nicht zuletzt Werbung geworden. Für den Betrieb „Neuer Hof" ist das ein alter Schuh, denn Familie Bochröder aus Düren lebt diese Begriffe mit ihrer biodynamischen Landwirtschaft bereits seit 1991. Damals hatte Vater Heinz-Peter den Hof mit seiner Frau Irmgard gepachtet. Sein ältester Sohn Christoph war da schon geboren, nach und nach erblickten vier weitere Jungs das Licht der Voreifel. 2019 hat Heinz-Peter das Staffelholz an Christoph übergeben, der seitdem die Verantwortung für den Hof trägt und ihn mit großer Überzeugung, unterstützt von seinen vier Brüdern, als Biobetrieb nach Demeter-Richtlinien führt. „Ich bin froh darum, dass es mit derselben Begeisterung und Erfüllung weitergeht", so der Vater stolz über die Arbeit der Großfamilie.

> „Da wir eine sehr persöhnliche Beziehung zu unseren Tieren haben, tragen alle Namen."

It's a family business Christoph Bochröder, ein absoluter Familienmensch, bedeutet der „Neue Hof" am Dürener Stadtrand alles, hier hat er schon als ganz kleiner Junge seine Leidenschaft für die Landwirtschaft entdeckt. Bei den vier jüngeren Brüdern des staatlich geprüften Agrarbetriebswirts sprang der Funke erst etwas später über, aber heute ziehen sie mit großer Leidenschaft alle an einem Strang. Zu Familie und Team auf dem Hof gehört inzwischen auch Shannon Siffrin, Christophs Partnerin. Auf gut 200 Hektar Fläche wird biodynamische Landwirtschaft betrieben und alle packen die Dinge gemeinsam an, auch wenn jeder seinen eigenen Bereich hat.

Tiere, die sich wohlfühlen Im Fokus der Zucht steht ganz klar das Tierwohl, dabei wird der Blick fest auf Lebensleistung, Gesundheit und Fitness der Tiere gerichtet. Um die rund 5000 Hühner kümmert sich Christophs Bruder Jakob und vermarktet die Eier unter der Marke „Jakobs Happy Eggs". Grund zur Happiness haben die Hühner allemal: Auf den großen Wiesen rund um die Hühner-mobile können die Legehennen nach Herzenslust picken und scharren oder es sich unter den großen alten Walnussbäumen gemütlich machen. Shannon liegen die 85 Milchkühe plus Bullen und Kälbern aus der alten und gefährdeten Rasse der Rotbunten in Milchkuhhaltung mit kuhgebundener Kälberaufzucht sehr am Herzen. Die Rinder werden in Herden gehalten und dürfen natürlich ihre Hörner behalten. Zur Förderung und Erhaltung der horntragenden Rinder nehmen die Bochröders am „Hornkuh-Projekt" teil. Die Kälber werden wie in der freien Natur kuhgebunden aufgezogen und verbringen zunächst zwei Monate bei der Mutterkuh in der Herde. Anschließend werden sie von Ammenkühen bis zum fünften Monat mit Milch und Zuneigung versorgt. „So haben wir extrem fitte, vitale und muntere Kälber. Darüber hinaus lernen die Kleinsten schon früh, sich in die Herde einzugliedern", erklärt Shannon. Und da die Familie eine persönliche Beziehung zu ihren Tieren hat, tragen alle einen Namen.

Die Vielfalt machts Auf Feldern in Düren und Umgebung bauen die Bochröders unterschiedlichste Getreide- und Gemüsesorten an, zum Beispiel Gerste, Weizen, Dinkel, Roggen, Hafer, Möhren, Zuckerrüben, Luzerne-Kleegras, Kürbisse, Kartoffeln, Bohnen, Erbsen, Mais und vieles mehr. Der Obstanbau komplettiert das Angebot. Für die nachhaltige Kreislaufwirtschaft im Ackerbau ist ein aufeinander abgestimmter Wechsel der Fruchtfolgen von großer Bedeutung. Durch den Zwischenfruchtanbau werden die Bodenlebewesen gefördert. Sie wiederum stellen eine Nahrungsquelle

DN CB 516

für Insekten dar, die im Spätsommer sonst kaum noch etwas finden. Aus diesem Grund gibt Christoph stets auch Blumensamen unter die Saatmischungen der Zwischenfruchtmischungen. Die abwechslungsreiche Bepflanzung der Böden bewahrt ihre Fruchtbarkeit, gibt Christoph aber auch Flexibilität bei der Ausrichtung des Anbaus hinsichtlich Nachfrage und Bedarf.

„Bio ist auch viel Handarbeit, da packen alle mit an."

Zukunft säen Einen Großteil des Saatguts stellen die Bochröders selbst her, unter anderem das für Getreide und Hokkaido-Kürbisse. Denn biologisch zu agieren beginnt für sie bereits bei der Saat. So können Christoph und seine Brüder Sorten, die zur Region passen, immer weiter verbessern und anpassen. Aber auch anderes Saatgut vermehren sie in Kooperation mit der Bingenheimer Saatgut AG. Hierbei stehen der Erhalt bewährter und die Entwicklung neuer samenfester biodynamischer Gemüsesorten, selbstverständlich ohne Hybridzüchtungen, Patente und Gentechnik, im Vordergrund. Und als wäre das alles nicht schon eine ziemlich runde Sache, hat die Samenzucht noch einen weiteren Nutzen, denn die Blüten von zum Beispiel Dill, Mohn, Kornblumen und Kresse stellen einen Lebensraum für Insekten wie Bienen und Schmetterlinge dar.

Naturschutz hat Tradition Damit führen die Bochröders fort, was ihr Vorgänger, Graf von Finckenstein, initiiert hat, indem er damals eine über fünf Kilometer lange Hecke rund um den Hof anpflanzte, um die Insektenwelt zu fördern, Kleintiere zu schützen und seltene Pflanzenarten zu erhalten. Auch heute noch wird sie gepflegt und erhalten. Das Dauergrünland wird gar nicht gedüngt und später als üblich gemäht, was sich positiv auf die artenreiche Pflanzen- und Insektenvielfalt auswirkt.

Demeter-Anbau als gelebte Ökologie Die bloße Kombination aus Tierhaltung und Ackerbau im Wechsel verbunden mit der biodynamischen Demeter-Landwirtschaft macht die Böden extrem fruchtbar. 1924 gegründet, ist Demeter der älteste Bioanbauverband Deutschlands. Mit seinem Siegel versehene Lebensmittel unterliegen den strengsten und höchsten Qualitätsansprüchen. Mensch, Tier, Pflanze und Boden werden hier als Teile eines selbstständigen (Hof-)Organismus betrachtet – das Ideal der biodynamischen Wirtschaftsweise ist die Kreislaufwirtschaft, in der jedes Organ das andere braucht. Der Landwirt hält so viele Tiere, wie er mit seinem Land ernähren kann. Deren Mist sorgt auf natürliche Weise für eine hohe Bodenfruchtbarkeit, die wiederum für die Gesundheit und den kraftvollen Wuchs der Pflanzen auf den Feldern wichtig ist, die zu besten Lebensmitteln für den Menschen werden. „Als Bio-Landwirte müssen wir das Unkraut auch von Hand beseitigen, weil die Maschine nicht überall hinkommt", erklärt Christoph den anderen Landfrauen und -männern in der „Land & lecker"-Woche und sie dürfen auf dem Möhrenacker direkt mit anpacken. Denn in der Bio-Landwirtschaft sind chemisch-synthetische Pflanzenschutzmittel neben Mineraldünger und Gentechnik tabu, nur organische Düngemittel wie Kompost oder Rindermist sind erlaubt. Das erfordert viel mehr Manpower und Handarbeit als in der konventionellen Landwirtschaft üblich. Und mit diesem ganzheitlichen, sehr nachhaltigen Ansatz geht der Demeter-Anbau noch wesentlich weiter als andere ökologische Bewirtschaftungsformen.

Blick in die Zukunft Der starke Zusammenhalt wird die Familie Bochröder auch zukünftig alle großen Aufgaben bewältigen lassen und die Weichen für die erfolgreiche Weiterentwicklung sind gestellt.

Gefüllte Teigtaschen

mit frischen Kräutern und Schmand

Zutaten für 4 Personen

Für den Teig
300 g Mehl Type 505
Salz
3 zimmerwarme Eier (M)
80 ml Olivenöl
1 Eigelb (M) zum Bestreichen

Für die Füllung
150 g Zucchini
50 g Zwiebel
1 Knoblauchzehe
100 g junger Gouda
Öl zum Braten
150 g Rinderhackfleisch
Salz · Pfeffer aus der Mühle

Außerdem
etwas Butter zum Anbraten
etwas gehackte Kräuter (z. B. Petersilie und Schnittlauch)
etwas geriebener junger Gouda
etwas Schmand

1. Für den Teig das Mehl und 1 Prise Salz mit den Eiern und dem Olivenöl in einer Schüssel mithilfe einer Küchenmaschine zu einem geschmeidigen Teig kneten. Achtung: Nicht zu lange kneten, sonst wird der Teig zäh und klebrig. Sollte er zu fest werden, behutsam etwas Wasser hinzufügen. Den Teig in Frischhaltefolie einwickeln und 30 Minuten ruhen lassen.

2. Für die Füllung inzwischen Zucchini putzen, waschen und sehr klein würfeln. Zwiebel und Knoblauch schälen und ebenfalls in feine Würfel schneiden. Den Käse sehr klein würfeln. Das Öl in einer Pfanne erhitzen und das Hackfleisch darin krümelig braten und durchgaren. In eine hitzefeste Schüssel füllen, erneut etwas Fett in die Pfanne geben, die Zwiebeln glasig anschwitzen, dann die Zucchiniwürfel kräftig braten. Zuletzt den Knoblauch kurz mit anbraten. Zwiebeln, Zucchini und Käse zum Hack geben, alles mischen und kräftig mit Salz und Pfeffer würzen.

3. Die Arbeitsfläche bemehlen. Den Teig in 2 gleich große Portionen teilen und jede Portion mit einem Nudelholz zu einem 20 x 30 cm großen Rechteck ausrollen. Der Teig sollte etwa 3 mm dünn sein. Ein Rechteck mit etwas verquirltem Eigelb bestreichen.

4. Von der Füllung esslöffelgroße Portionen abnehmen und in etwa 12 kleinen Häufchen mit etwa 4 cm Abstand zueinander auf die mit Eigelb bestrichene Teigplatte setzen. Das zweite Teigrechteck sorgfältig darüberlegen. Um die Füllung herum den Teig zusammendrücken. Dann mit einem Teigrad etwa 12 je 4 bis 5 cm große Rechtecke ausschneiden. Alternativ mit einer Plätzchenform große Rechtecke ausstechen.

5. Die Teigtaschen in kochendem Salzwasser etwa 5 Minuten kochen. Herausheben und abtropfen lassen.

6. Die Butter in einer Pfanne erhitzen und die Teigtaschen darin goldbraun anbraten. Mit Salz, Pfeffer sowie etwas geriebenem jungen Gouda bestreuen und kurz noch mal in der Pfanne schwenken.

7. Die Teigtaschen zum Servieren mit den gehackten Kräutern und dem geriebenen Käse bestreuen. Auf jeden Teller einen Klecks Schmand geben.

Falsches Filet

mit Ofenkartoffeln und Roter Bete

Zutaten für 4 Personen

Für das falsche Filet
2 Knoblauchzehen
4 EL mittelscharfer Senf
ca. 3 EL Rapsöl + mehr zum Braten
1 kg Falsches Filet vom Rind
2 EL Pfefferkörner
8 Pimentkörner
6 Wacholderbeeren
4 Zweige Rosmarin
4 Zweige Thymian
6 Salbeiblätter
1 Stange Lauch
1 rote Zwiebel
6 Möhren
1 Stück Knollensellerie
150 ml trockener Rotwein
400 ml Rinderfond oder Wasser
1 EL Crema di Balsamico
1 TL Johannisbeergelee
Salz · Pfeffer aus der Mühle
1 TL Speisestärke

1. Für das falsche Filet am Vortag die Marinade zubereiten: 1 Knoblauchzehe schälen und in eine Schüssel pressen. 2 EL Senf und 3 EL Öl dazugeben und alles vermischen. Das Fleisch von allen Seiten damit bestreichen.

2. Pfefferkörner, Piment und Wacholderbeeren fein mörsern und den Braten damit rundherum würzen. Die Kräuterzweige und -blätter ebenfalls gleichmäßig verteilen. Das Fleisch in einen großen Gefrierbeutel geben und diesen gut verschließen. Über Nacht im Kühlschrank marinieren lassen.

3. Am nächsten Tag die Kräuter vom Braten abstreifen und beiseitelegen. Die Gemüse putzen und schälen bzw. waschen. Den Lauch in Ringe schneiden, die Zwiebel und das andere Gemüse in etwa 1 cm große Würfel schneiden.

4. 2 EL Öl in einem Bräter erhitzen und das Fleisch darin rundherum kräftig anbraten. Dabei aufpassen, dass Senf und Gewürze nicht verbrennen und sich schwarz am Topfboden absetzen. In diesem Fall das Fleisch herausnehmen, den Bodensatz ablöschen und entfernen, denn er würde die Sauce bitter machen. Das angebratene Fleisch herausnehmen. Erneut etwas Öl im Bräter erhitzen und das Gemüse darin kurz anschwitzen. Den Braten daraufsetzen und die Kräuter von der Marinade mit 1 zerkleinerten Knoblauchzehe im Topf verteilen. Alles mit dem Rotwein und der Hälfte des Rinderfonds ablöschen.

5. Den offenen Bräter in den auf 80 °C Umluft vorgeheizten Backofen geben und den Braten etwa 3 Stunden garen. Hin und wieder mit dem restlichen Rinderfond begießen. Die Temperatur auf 100 °C erhöhen und das Fleisch etwa 30 Minuten weitergaren, bis die Kerntemperatur des Fleisches 85 °C erreicht hat. Hier ist natürlich ein Kernthermometer hilfreich.

6. Anschließend das Fleisch aus dem Topf nehmen, in Alufolie einwickeln und auf einem Teller im abgeschalteten Backofen bei offener Tür 10 bis 15 Minuten ruhen lassen.

7. Inzwischen die Bratflüssigkeit durch ein Haarsieb in eine Stielkasserolle gießen, aufkochen und um etwa ein Drittel reduzieren. Mit 2 EL Senf, Crema di Balsamico, Johannisbeergelee, Salz und Pfeffer abschmecken. Nach Wunsch die Speisestärke in 2 TL kaltem Wasser glatt rühren und die Sauce damit binden.

Für die Ofenkartoffeln
800 g rotschalige Kartoffeln (Laura)
1 Knoblauchzehe
je 1 Bund Rosmarin und Thymian
50 ml Olivenöl
Salz · Pfeffer aus der Mühle

Für die Rote Bete
5 mittelgroße Knollen Rote Bete
4–5 EL Rapsöl
3 EL Aceto balsamico
2 EL Honig
200 g Feta
Salz · Pfeffer aus der Mühle
1 EL getrockneter Oregano

Utensilien
Bräter
Kernthermometer
Ofenrost
Backpapier

8. Für die Ofenkartoffeln den Backofen auf 200 °C Ober-/Unterhitze vorheizen. Die Kartoffeln nicht schälen (wenn nötig bürsten, sonst nur waschen), trocken tupfen und der Länge nach vierteln. Den Knoblauch schälen und durchpressen. Die Kräuter waschen und trocken schütteln, die Rosmarinnadeln abzupfen und etwas kleiner hacken, die Thymianblättchen abzupfen. Die Kräuter in einer Schüssel mit den Kartoffeln, dem Öl, 1 Prise Salz, Pfeffer und dem Knoblauch gut mischen.

9. Die Kartoffeln auf einen mit Backpapier ausgelegten Ofenrost legen und im Ofen auf der oberen Schiene etwa 20 Minuten garen. Anschließend bei 250 °C Ober-/Unterhitze oder unter dem Grill 5 Minuten bräunen. Die Garzeit hängt natürlich von der Größe und Dicke der Viertel ab!

10. Für die Rote Bete die Rote Bete schälen und in etwa 1 cm große Würfel schneiden. Da die Knollen stark färben, Küchenhandschuhe tragen. Öl in einer großen Pfanne heiß werden lassen und die Rote-Bete-Würfel hineingeben. Balsamico und Honig hinzufügen und das Gemüse mit geschlossenem Deckel bei schwacher Hitze etwa 10 Minuten köcheln lassen, bis die Rote Bete bissfest ist.

11. Inzwischen den Feta zerkrümeln. Die Rote Bete mit Salz, Pfeffer und Oregano abschmecken, ggf. etwas Balsamico oder Honig hinzufügen und das Ganze noch etwas einkochen. Den Schafskäse unterrühren und etwas zerlaufen lassen.

12. Das Falsche Filet in Scheiben schneiden und mit den Kartoffeln und der Roten Bete auf Tellern anrichten.

CHRISTOPHS TIPP: Sie können das Fleisch auch in einer Pfanne anbraten und anschließend in den Bräter geben. Dann das Bratöl darübergießen, damit die Aromen nicht verloren gehen.

Rhabarber-Crumble

mit hausgemachtem Vanilleeis

Zutaten für 4 Personen

Für das Vanilleeis
1 Vanilleschote
250 ml Milch
150 g Sahne (30 % Fett)
100 g Zucker
25 g Vanillezucker
4 Eigelb (M)

Für den Rhabarber-Crumble
500 g Rhabarber
125 g Butter + mehr für die Form
125 g Zucker
1 Pck. Vanillezucker
Salz
200 g Mehl Type 405
50 g blütenzarte Haferflocken

Zum Servieren
Puderzucker zum Bestäuben
4 EL Walnusskerne (optinal)
etwas Honig (optional)

Utensilien
1 Pie-Form (28 cm Ø)

1. Für das Vanilleeis die Vanilleschote aufschneiden und das Mark herauskratzen. Schote und Mark in einem Topf mit Milch und Sahne aufkochen, anschließend auf dem ausgeschalteten Herd 30 Minuten ziehen lassen. Die Schote herausnehmen. Zucker, Vanillezucker und Eigelbe mischen, dann unter die lauwarme Vanillemilch mischen. Unter beständigem Rühren bei mittlerer Hitze vorsichtig erhitzen, bis die Mischung leicht andickt. Das nennt man „zur Rose abziehen".

2. Die Mischung etwa 30 Minuten abkühlen lassen und anschließend in die Eismaschine geben. Nach der Herstelleranweisung etwa 45 Minuten einfrieren. Anschließend in eine Form füllen und im Gefrierfach aushärten lassen.

3. Für den Crumble eine Pie-Form mit etwas Butter fetten. Die Rhabarberstangen waschen, putzen und in etwa 2 cm große Stücke schneiden. Dickere Stangen längs halbieren und in kleine Stücke schneiden. Den Backofen auf 200 °C Ober-/Unterhitze vorheizen.

4. Die Butter in einem etwas größeren Topf schmelzen lassen. Mit einer Gabel den Zucker, den Vanillezucker, 2 Prisen Salz sowie das Mehl und die Haferflocken langsam in die flüssige Butter einrühren. Dabei entstehen die Streusel wie von selbst.

5. Etwa die Hälfte des Streuselteiges als dünnen Boden in die Pie-Form krümeln. Die Rhabarberstücke darauf verteilen und mit den restlichen Streuseln bedecken.

6. Den Crumble im Ofen auf der mittleren Schiene 30 bis 35 Minuten backen. Die Streusel sollten schön goldbraun sein, also nicht zu dunkel.Den Crumble herausnehmen und am besten lauwarm servieren.

7. Zum Servieren nach Belieben Walnusskerne klein hacken, in einer Pfanne anrösten und mit etwas Honig karamellisieren. Den Crumble mit Puderzucker bestäuben, in Stücke schneiden und auf Teller verteilen. Das Vanilleeis stürzen, in Scheiben schneiden und mit auf die Teller legen. Nach Belieben mit den gerösteten Walnüssen bestreuen. Guten Appetit!

An ihrem „Land & lecker“-Tag werden die übrigen Landfrauen und -männer nicht schlecht staunen, wie viel frischen Wind Lisa und Markus in die Ruhreifel bringen. In ihrem Menü dürfen die Produkte vom eigenen Hof natürlich nicht fehlen. Lisa zeigt dabei ihren Gästen, wie kreativ sie einsetzbar sind, wenn sie zum Beispiel neben einigen Varianten vom Hinterwälder-Rind auch die Weinblätter der neuen Reben verarbeitet.

Lisa Schäfer

In der Nordeifel hat sich ein junges Paar in den biologischen Weinanbau verliebt und geht mit frischen Ideen in die Zukunft.

Wein aus der Ruhreifel – gibt's doch! Wer an Wein denkt, dem kommt die Ruhreifel als prädestiniertes Anbaugebiet definitiv nicht als Erstes in den Sinn. Die Idee, am Rand des Nationalparks Eifel Wein anzubauen, ist ungewöhnlich, aber beileibe nicht neu. Bereits die Römer haben in diesem Gebiet Weinbau betrieben. In Heimbach nun haben sich Lisa und Markus Schäfer auf den Weg gemacht, Dürens erste – und bislang einzige – Winzer der Neuzeit zu werden. Wobei auf dem „Wingersberg" bis zum Jahr 1910 tatsächlich schon einmal Reben gestanden haben.

Das Flurstück gehört zum Hof der Familie Schäfer. Der Hof – alte Sandsteingemäuer (in den alten Stallungen herrschen dadurch perfekte klimatische Bedingungen, sodass ein wichtiger Grundstein für den Ausbau des Weines gegeben ist), ein ehemaliges zerteiltes Rittergut aus dem 16. Jahrhundert, ist seit 1946 im Besitz von Markus' Familie.

Doch Lisa hat nicht schon immer von diesem Leben geträumt. Sie selbst bezeichnet sich als „kleines Nordlicht", aufgewachsen ist sie in Schleswig-Holstein. Die Liebe zu Markus, der Eifel und dem Wein entstand erst „in der geografischen Mitte", wie sie es nennt, will sagen in Osnabrück, wo sie und Markus sich beim Studieren kennengelernt haben. Nach dem Studium ist Heimbach ihr Zuhause geworden und die Ökotrophologin ist zu einer engagierten Landwirtin herangereift, die sich mit ihrem Mann, der Landwirtschaft und dem Wein einem neuen und spannenden Lebensabschnitt widmet. Markus ist die Liebe zur Natur, zur Heimat und zu gesunden Lebensmitteln schon von klein auf durch die Familie und die Arbeit auf dem Hof vorgelebt worden.

Die Leidenschaft für Wein verbindet Lisa und Markus: „Ich liebe es, mit Freunden bei einem Glas Wein zusammenzusitzen. Was kann es Besseres geben, als den Wein selbst zu produzieren?", fragte sich der studierte Agraringenieur, und gemeinsam kamen sie zu dem Ergebnis, diese Idee in die Tat umzusetzen. Um hier die bestmögliche Qualität zu schaffen, bilden sich die beiden neben dem Learning by Doing auf dem Hof laufend fort und machen in Franken die Ausbildung zum Winzer.

„Der Schutz des Bodens und der Natur ist für mich eine Herzensangelegenheit!"

Schutz von Boden, Natur und Tieren Die Standbeine des Betriebs sind Ackerbau und Saatgutvermehrung, eine kleine Mutterkuhherde und der Wein. Bereits jetzt versuchen sie, den Ackerbau und somit auch den Weinbau auf ökologisch verträgliche und regenerative Weise zu betreiben. „Der Schutz des Bodens und der Natur ist für mich eine Herzensangelegenheit", erzählt der 31-Jährige Markus. Seit 2018 halten er und Lisa eine kleine Mutterkuhherde des Hinterwälder-Rinds. Das ganze Jahr dürfen die Tiere im Herdenverband draußen auf der Weide verbringen. „Das ist natürlich toll für die Tiere, aber dadurch verlieren sie den Kontakt zum Menschen, und das Arbeiten kann sehr gefährlich werden – unter anderem, weil die Tiere scheu sind, aber auch ihre Kraft und ihre Hörner nicht einschätzen können", so Lisa Schäfer. Die Schäfers legen auf eine artgerechte Haltung großen Wert. Die Landwirte haben sich für diese Rasse entschieden, weil sie bedroht ist. Da deren Erhalt für sie Herzensangelegenheit ist, möchten sie mit ihrer Zucht der Gefahr des Aussterbens entgegenwirken. Die Hinterwälder sind die kleinste Rinderrasse Mitteleuropas. Dieser Umstand hat ihren Bestand in Zeiten der Intensivierung der landwirtschaftlichen Erträge bis in die Gefährdungszone sinken lassen. Körperliche Eigenschaften und Wesensart machen sie gerade in bergreichen Regionen zu einem wertvollen Nutztier. Ihr relativ geringes Gewicht gibt ihnen auch auf steileren Wiesen Trittsicherheit und schont gleichzeitig die Grasnarbe, was wiederum die unkontrollierte Ausbreitung von Unkraut vermeidet. Das Hinterwälder-Rind gilt als robust, wenig krankheitsanfällig und mit einem Durchschnittsalter von 15 bis 18 Jahren als besonders langlebig. Die Milchmenge ist mit Blick auf den kleinen Wuchs und das Gewicht beachtlich. Viel Bewegung macht das Fleisch feinfaserig und gut marmoriert, sein Geschmack ist zart, saftig und aromatisch. Die Schlachtung findet stressfrei im gewohnten Umfeld der Tiere auf dem Hof statt. Durch die extensive Haltung werden Hinterwälder-Rinder kaum bis gar nicht als Milchkühe gehalten.

Ach, du „Grüne Neune" Bei der Anlage eines neuen Weinbergs ist, wie eigentlich immer in der Natur, Geduld vonnöten, denn neu kultivierte Rebstöcke belohnen Winzer frühestens nach drei Jahren erstmalig mit einer kleinen Ernte. Da ist es praktisch, dass sich die Landwirtschaft des Hofs aktuell in der Umstellung auf biologischen Weinbau befindet. Die Umstellungszeit beträgt nämlich ebenfalls drei Jahre. 2024 ist also ein besonderes Jahr, denn es ist so weit, die Reben werden die ersten Früchte tragen und die ersten Weine des Hofes direkt biologisch zertifiziert. „Grüne Neune" haben Lisa und Markus das Label genannt, unter dem sie ihre Ruhreifel-Weine vertreiben werden. Der Name steht für Lebensfreude, Genuss und Gemeinschaftssinn. Bei der Wahl der Rebsorten haben sich Lisa und Markus für Neuzüchtungen entschieden, da diese weniger anfällig auf Pilze und andere Umwelteinflüsse reagieren. So werden bald Sauvignac, Souvignier Gris und Solaris im Weißweinglas schimmern, bei den Rotweinen dürfen Cabernet Jura, Satin Noir und Cabernet Cortis verkostet werden. Allesamt sind sogenannte PIWI-Weine, also PIlzWIderstandsfähige Rebsorten, die eine natürliche Resistenz gegen bestimmte Pilzkrankheiten besitzen. Sie entstehen durch klassische Kreuzungen altbekannter europäischer Rebsorten mit Resistenzpartnern. PIWI-Weine wurden gezielt gezüchtet, um die Herausforderungen des Weinbaus im Hinblick auf Pflanzenschutz und Nachhaltigkeit zu meistern. Die Resistenzpartner sind meist amerikanische oder asiatische Wildreben. Ihr Vorteil: Gegen Pilzkrankheiten wie Echter oder Falscher Mehltau und Grauschimmelfäule können sie sich besonders gut wehren. PIWI-Rebsorten sind auch widerstandsfähiger gegenüber klimatischen Veränderungen – in Zeiten des Klimawandels ein nicht unerheblicher Vorteil. Biologischer Weinbau mit gekreuzten Rebsorten leistet einen wichtigen Beitrag zur Nachhaltigkeit, denn der Verzicht auf Chemikalien schont die Böden und das Grundwasser. Daneben fördert er die Biodiversität im Weinberg. PIWI-Weine sind damit nicht nur umweltfreundlicher, sondern können dem Winzer durch weniger Arbeit bei der Bekämpfung von Schädlingen sogar ökonomische Vorteile bringen. Und auch für Verbraucherinnen und Verbraucher gibt es Vorteile: Bio im Weinbau bedeutet ein sauberes Endprodukt. Einen Einfluss auf die Weinqualität haben die Kreuzungen nicht. Es wird spannend sein, die ersten Weine zu verkosten und dabei auch zu erschmecken, welch ganz besondere Note der eiszeitliche Boden des nach Süden hin ausgerichteten „Wingerts", auf dem die verschiedenen Rebsorten schon bald Früchte tragen werden, ihnen verleihen wird. Wer Lust hat, hier am Ball zu bleiben und dieses aufregende Abenteuer aus etwas näherer Nähe zu begleiten, kann Rebstock-Pate werden.

Blick in die Zukunft Lisa und Markus Schäfer bringen mit ihrem Enthusiasmus nicht nur natürliche Anbaumethoden und artgerechte Tierhaltung zurück in die Region. Sicherlich werden sie auch weiterhin mit neuen Ideen für so für manch positive Überraschung sorgen.

Grüne Neune
55
Souvignier Gris

Zweierlei Tapas aus dem Weinberg

gefüllte Weinblätter und Roastbeef mit Rotweinzwiebeln

Zutaten für 4 Personen

Für die gefüllten Weinblätter
400 g Zwiebeln
4 Knoblauchzehen
100 g Frühlingszwiebeln
30 g Pinienkerne
50 ml Olivenöl
150 g Rundkornreis
25 g Korinthen
3 EL Tomatenmark
½ TL gemahlener Piment
½ TL Zimtpulver
½ TL edelsüßes Paprikapulver
1 Prise Chilipulver
1 TL Zucker
1 TL Salz
¼ TL Pfeffer aus der Mühle
1 Bund Dill
1 Bund Petersilie
5 Stiele Minze
250 g frische Weinblätter (alternativ eingelegte Weinblätter)
¼ l Gemüsebrühe
2 EL Zitronensaft

1. Für die gefüllten Weinblätter am Vortag die Zwiebeln und den Knoblauch schälen, die Frühlingszwiebeln waschen und putzen, alles fein hacken. Die Pinienkerne in einem Topf mit 2 EL Olivenöl goldbraun braten, dann die Zwiebeln, den Knoblauch und die Frühlingszwiebeln dazugeben und etwa 10 Minuten dünsten. Den Reis dazugeben und alles 3 Minuten braten.

2. Nun Korinthen, Tomatenmark, die Gewürze, Zucker, Salz und Pfeffer und so viel Wasser dazugeben, dass der Topfinhalt bedeckt ist. Mit geschlossenem Deckel aufkochen lassen, danach den Herd abstellen und alles 30 Minuten ziehen lassen. Dill, Petersilie und Minze waschen, trocken schütteln und fein hacken. Die Kräuter unter den vorgegarten Reis mischen und den Reis abkühlen lassen.

3. Die frischen Weinblätter in kochendem Wasser 2 Minuten blanchieren und anschließend abtropfen lassen. Falls Sie eingelegte Weinblätter verwenden, wässern Sie diese gut 15 Minuten und lassen sie abtropfen. Einen flachen, weiten Topf mit Deckel mit Weinblättern auslegen.

4. Je 1 Weinblatt mit 1 TL Füllung belegen und fest zusammenrollen, dabei die Seiten einschlagen. Die Röllchen dicht an dicht in den Topf schichten und mit Weinblättern belegen. Mit einem passenden Teller beschweren. Gemüsebrühe, 2 EL Olivenöl und Zitronensaft hineingießen. Den Deckel auflegen, die gefüllten Weinblätter aufkochen lassen und bei schwacher Hitze 1 Stunde köcheln. Den Herd abstellen und die Röllchen über Nacht erkalten lassen.

LISAS TIPP: Den Reis schon fast „überwürzen“, da die Füllung beim Kochen etwas Geschmack verliert.
Zu unserer standesamtlichen Hochzeit haben wir uns von Freunden gefüllte Weinblätter gewünscht. Diese haben wir ganz frisch bekommen. Leider haben sie es nicht auf das Büfett geschafft, weil sie einfach zu lecker waren und ganz schnell von uns und unseren Familien aufgegessen wurden.

Für das Roastbeef
1,5 kg Hinterwälder Roastbeef (zimmerwarm)
Salz · Pfeffer aus der Mühle
3 ¾ EL Öl

Für die Rotweinzwiebeln
3 Gemüsezwiebeln
2 EL Butter
2 EL brauner Zucker
Meersalz · Pfeffer aus der Mühle
300 ml trockener Rotwein
1 TL fein gehackter Rosmarin
1 TL fein gehackter Thymian

Zum Servieren
einige Zitronenscheiben

Utensilien
Bräter
Kernthermometer

5. Für das Roastbeef das Fleisch trocken tupfen. 1 EL Salz und reichlich Pfeffer mischen und das Fleisch rundherum damit einreiben.

6. Den Backofen auf 100 °C Umluft vorheizen. Das Öl im Bräter erhitzen und das Fleisch darin von jeder Seite etwa 6 Minuten anbraten.

7. Das Kernthermometer ins Fleisch stecken, das Fleisch in den Bräter legen und etwa 1 Stunde 45 Minuten garen. Bei einer Kerntemperatur von 58 bis 60 °C ist das Roastbeef medium. Das Fleisch herausnehmen und abkühlen lassen.

8. Für die Rotweinzwiebeln die Gemüsezwiebeln schälen, halbieren und in halbe Ringe schneiden. Die Butter in einer Pfanne erhitzen und die Zwiebeln hinzufügen. Nach 1 bis 2 Minuten den braunen Zucker sowie 1 gute Prise Meersalz und Pfeffer dazugeben. Die Zwiebeln bei mittlerer Hitze etwa 10 Minuten in der Butter schwenken, bis sie glasig sind.

9. Die Zwiebeln nun mit Rotwein ablöschen und unter gelegentlichem Umrühren 45 bis 60 Minuten einkochen, bis der Rotwein nahezu komplett einreduziert ist.

10. Zum Schluss den Rosmarin und den Thymian hinzugeben. Abkühlen lassen.

11. Zum Servieren das Fleisch in dünne Scheiben schneiden und mit den kalten Rotweinzwiebeln servieren. Die gefüllten Weinblätter mit Zitronenscheiben servieren.

LISAS TIPP: Wir lieben das Roastbeef aus unserem Fleisch. Wenn ich Roastbeef mache, essen wir ein erstes Stück warm und ein zweites Stück am nächsten Tag kalt als Tapas.

Geschmortes Brisket

dazu knusprige Kartoffeltorte, gepfefferte Möhren mit Dill und Selleriesalat mit Apfel und Walnüssen

Zutaten für 6–8 Personen

Für das Brisket
2,5 kg Hinterwälder Brisket
Salz · Pfeffer aus der Mühle
2 Knoblauchknollen
500 g Schalotten
2 EL Rapsöl
1 l Rinderbrühe, Hühnerbrühe oder Wasser (besser als Bouillon optional)
250 ml trockener Weißwein
80 ml Worcestershiresauce
60 g frisch geriebener Meerrettich + etwas zum Servieren
5 Pfefferkörner
2 frische oder getrocknete Lorbeerblätter
Meersalzflocken zum Servieren

1. Für das Brisket das Fleisch am Vortag mit Salz und Pfeffer würzen: mindestens 1 TL Salz pro 500 g Fleisch. Im Kühlschrank über Nacht durchziehen lassen.

2. Am nächsten Tag den Backofen auf 135 °C Umluft vorheizen. Die Knoblauchknollen ungeschält halbieren. Die Schalotten ungeschält längs halbieren, größere Schalotten vierteln.

3. Das Rapsöl in einem großen gusseiserner Topf auf mittlere Temperatur erhitzen. Das Brisket von der Fettseite 10 bis 12 Minuten anbraten, bis diese tief gebräunt ist. Anschließend das Bruststück drehen und die andere Seite ebenfalls 10 bis 12 Minuten anbraten.

4. Das Fleisch aus dem Topf nehmen und den Knoblauch und die Schalotten im Topf mit den Schnittflächen nach unten 3 bis 5 Minuten rösten, bis sie schön gebräunt sind. Mit Salz und Pfeffer würzen.

5. Das Brisket zurück in den Topf geben und Brühe, Weißwein, Worcestershiresauce, Meerrettich, Pfefferkörner und Lorbeerblätter hinzufügen.

6. Alles zum Kochen bringen. Anschließend mit geschlossenem Deckel im Ofen 3 bis 3 ½ Stunden köcheln lassen. Das Fleisch ist fertig, wenn beim Einstechen mit einem Messers kein Wiederstand zu spüren ist.

7. Vor dem Servieren das Fleisch gegen die Faser aufschneiden und auf eine große Servierplatte legen. Mit dem Sud, den Zwiebeln und dem Knoblauch aus dem Topf begießen.

LISAS TIPP: Das Fleisch und der Sud sind sehr geschmacksintensiv, salzig und haben eine leichte Schärfe vom Meerrettich.
Diese Rezepte für das Hauptgericht habe ich von meiner Schwägerin. Wir lieben es, die nicht so bekannten Stücke von unserem Rindfleisch in Szene zu setzen und dafür ist dieses Menü sehr gut geeignet.

Für die Kartoffeltorte
1,5 kg festkochende Kartoffeln
1 mittelgelbe Zwiebel
½ Tasse Butter, geschmolzen
Salz · Pfeffer aus der Mühle
Meersalzflocken zum Servieren

Für die gepfefferten Möhren
1 kg Möhren
4 EL Butter oder Olivenöl
1 TL schwarzer Pfeffer
Salz
1 EL Ahornsirup
1 Bund Dill

Für den Selleriesalat
1 Tasse Walnusskerne, grob gehackt (optional)
2 Bund Petersilie
2 Bio-Zitronen
2 große saure Äpfel (z. B. Granny Smith)
1 Staude Stangensellerie
½ mittelgelbe Zwiebel
Salz · Pfeffer aus der Mühle
Olivenöl zum Beträufeln

Utensilien
Springform 26–28 cm Ø
Backpapier
Alufolie

8. Während das Fleisch gart, für die Kartoffeltorte den Backofen auf 220 °C Umluft vorheizen. Die Springform mit Backpapier auslegen. Die Butter schmelzen.

9. Die Kartoffeln und die Zwiebel schälen, anschließend so dünn wie möglich in Scheiben schneiden (ggf. Hobel oder Küchenmaschine verwenden).

10. Das Backpapier mit etwas geschmolzener Butter fetten und die Kartoffeln darauf rund anordnen. Die Kartoffelscheiben können sich leicht überlappen. Jede Schicht leicht andrücken, etwas Butter und Zwiebel darübergeben und mit Salz und Pfeffer würzen. Auf diese Weise die Kartoffeln Schicht für Schicht in die Form füllen. Zum Schluss die übrige Butter darübergeben.

11. Die Kartoffeltorte mit Alufolie abdecken und auf der mittleren Schiene 50 bis 60 Minuten backen. Dann die Alufolie abnehmen und die Kartoffeltorte weitere 30 Minuten backen, sodass sie schön knusprig wird.

12. Aus dem Ofen nehmen, vor dem Servieren stürzen, mit Salzflocken bestreuen und in Stücke schneiden.

13. Für die gepfefferten Möhren die Möhren putzen und waschen oder schälen und in etwa 5 mm dünne Scheiben schneiden. Junge kleine Möhren können Sie auch ganz lassen.

14. In einer Pfanne Butter oder Olivenöl erhitzen. Den Pfeffer kurz darin anrösten, bis er duftet. Die Möhren dazugeben, salzen und 6 bis 8 Minuten schmoren. Den Ahornsirup hinzufügen und die Möhren karamellisieren lassen. Den Dill waschen, trocken schütteln und fein hacken. Erst kurz vor dem Servieren unter die Möhren mischen.

15. Für den Salat die Walnüsse grob hacken und in einer Pfanne ohne Fett anrösten, dann etwas abkühlen lassen. Die Petersilie waschen, trocken schütteln und fein hacken. Beiseitestellen.

16. Die Zitronen heiß waschen. Die Schale von 1 Zitrone fein abreiben, beide Zitronen auspressen. Äpfel waschen, aber nicht schälen, vierteln und das Kerngehäuse entfernen. Den Sellerie waschen und putzen, die Zwiebel schälen. Alles in kleine Stücke schneiden. Mit Zitronenschale und -saft sowie den Walnüssen in einer großen Schüssel mischen und mit Salz und Pfeffer würzen. Vor dem Servieren die Petersilie dazugeben. Den Salat mit Olivenöl beträufeln.

17. Zum Servieren auf jeden Teller 2 Scheiben Brisket geben und mit etwas geriebenem Meerrettich und Salzflocken bestreuen. Etwas Sud aus dem Topf darübergeben. Mit Kartoffeltorte und Möhren, ebenfalls mit Salzflocken bestreut, servieren. Den Salat in einer großen Schale dazu reichen.

Aprikosen-Tarte-tatin

mit hausgemachtem Vanilleeis

Zutaten für 6–8 Personen

Für das Vanilleeis
8 Eigelb (M)
200 g Zucker
Salz
3 Vanilleschoten
650 ml Vollmilch
130 g Sahne

Für den Tarte-tatin-Teig
200 g Weizenmehl Type 405
50 g Zucker
100 g kalte Butter + mehr für die Form
Salz

Für den Tarte-tatin-Belag
125 g Zucker
2 Zweige Rosmarin
1 kg reife Aprikosen

Zum Servieren
etwas halbsteif geschlagene Sahne

Utensilien
Eismaschine
Tarteform 26–28 cm Ø

1. Für das Vanilleeis Eigelb mit dem Zucker und 1 Prise Salz aufschlagen. Die Vanilleschoten halbieren und auskratzen. Mark und Schoten mit der Milch und der Sahne in einen Topf geben und erhitzen (nicht kochen).

2. Die Eimischung nach und nach unter die Milchmischung rühren. Unter ständigem Rühren auf 75 °C erhitzen.

3. Vanilleschoten entfernen und die Mischung auf Kühlschranktemperatur erkalten lassen. Dann in die Eismaschine geben und je nach Gerät etwa 1 Stunde gefrieren lassen.

4. Für die Tarte tatin zuerst den Mürbeteig zubereiten: Das Mehl, den Zucker, die kalte Butter in Flöckchen und 1 Prise Salz in eine Rührschüssel geben und mit den Fingern zu Streuseln verreiben. 2 bis 3 EL eiskaltes Wasser hinzugeben und den Teig schnell zu einer glatten Kugel verkneten. Diese etwas flach drücken (es sollten noch Butterschlieren im Teig sichtbar sein). Den Teig in Frischhaltefolie einwickeln und mindestens 30 Minuten in den Kühlschrank legen.

5. Den Backofen auf 220 °C Ober-/Unterhitze vorheizen. Die Tarteform mit Butter einfetten. Den Zucker in einer beschichteten Pfanne bei mittlerer Temperatur karamellisieren. Den Karamell in die eingefettete Form gießen und gleichmäßig verteilen.

6. Rosmarin waschen, die Nadeln abzupfen, grob hacken und auf den Karamell streuen. Die Aprikosen waschen, entsteinen und halbieren. Mit der Schnittseite nach unten dicht nebeneinander auf dem Karamell verteilen.

7. Den gekühlten Teig auf einer bemehlten Oberfläche etwas größer als die Tarteform rund ausrollen und auf die Aprikosen legen. An den Rändern den Teig bis zum Boden der Form vorsichtig herunterdrücken.

8. Die Tarte tatin auf der mittleren Schiene in den Ofen schieben und die Temperatur auf 200 °C reduzieren. Die Tarte 35 bis 45 Minuten backen, bis der Teig goldbraun und knusprig ist.

9. Die Form aus dem Ofen nehmen und die Tarte etwa 30 Minuten abkühlen lassen. Anschließend auf einen Teller stürzen und lauwarm mit Vanilleeis und halbsteif geschlagener Sahne servieren.

Münsterland

Das Landschaftsbild im nordwestlichen Nordrhein-Westfalen ist durch eine Mischung aus natürlichen und landwirtschaftlich genutzten Flächen geprägt, durchzogen von kleineren Waldgebieten und Forsten. Auf den weiten Feldern werden vor allem Getreide und Gemüse angebaut, auf den saftig grünen Weideflächen galoppieren Pferde und grasen Rinder.

In Folge 2 der „Land & lecker“-Staffel aus 2023 wird aus Hobby Beruf und die Träume von Maria Schulte Spechtel erfüllen sich in Dorsten-Wulfen auf dem Rücken von Pferden, während um sie herum Erdbeeren und Spargel sprießen.
2024 geht es im knapp 35 Kilometer entfernten Rhede im Kreis Borken auf dem Hof von Rainer Overkämping spannend und mit viel Geflügel sowie teils ungewöhnlichen Gemüsesorten vielseitig zu.

Marias „Land & lecker“-Tag wird ein Familienereignis, weil alle mithelfen. Mit ihrer Mutter Marie-Theres zusammen lässt sie viele Produkte aus dem eigenen Betrieb einfließen, wie verschiedene Beeren, Spargel oder Putenfleisch, das Bruder Markus räuchert und das Marie zuvor mit dessen Freundin Viola mariniert hat. Dabei darf sie sich auch im üppigen Kräuter- und Blumengarten, dem Reich ihrer 84-jährigen Oma Gisela, nach Herzenslust bedienen.

Maria Schulte Spechtel

Zwischen Ruhrgebiet und Münsterland liegt das Glück einer jungen Dame auf dem Rücken von Pferden.

Landwirtschaft mit Geschichte Der heutige Waldhof Schulte Spechtel in der landschaftlichen Idylle zwischen Schloss Lembeck und Dorsten-Wulfen wird bereits 1495 erstmalig urkundlich erwähnt. In seiner über 500-jährigen Geschichte hat er schon so manches erlebt. Ursprünglich zu Schloss Lembeck gehörig, wurde er durch die Aufhebung der Leibeigenschaft durch Napoleon freigekauft. Wirtschaftlich wechselte man von Schafzucht und Flachsanbau für das berühmte Wulfener Leinen (Wulfener Wolle) zur heutigen Landwirtschaft. In den 1960er-Jahren bildeten Milchkühe das Hauptgeschäft, gefolgt von einer Bullenzucht. In den 70er-Jahren kamen Puten dazu. Heute lebt und arbeitet hier Familie Schulte Spechtel in drei Generationen mit den Großmüttern Gisela und Renate, Mutter Marie-Theres Schulte Spechtel und Vater Christoph Brüggemann sowie den Geschwistern Markus und Maria. 1992 haben Marias Eltern den Hof übernommen, heute steht er für moderne und nachhaltige Landwirtschaft mit Spargel- und Erdbeeranbau, optimierter Putenaufzucht und -mast sowie ressourcenschonender Energiegewinnung über eine Biogas- und Fotovoltaikanlage. Was auf dem Hof produziert wird, gibt es im eigenen Hofladen, an saisonalen Verkaufsständen in der Umgebung sowie über eine Erzeugergemeinschaft zu kaufen.

„Wir hegen und pflegen unsere Erdbeeren mit viel Liebe."

Leben und arbeiten mit der Natur Für die Feldwirtschaft ist Vater Christoph zuständig, und insbesondere die Erdbeeren haben es ihm angetan. „Als Frau meines Mannes wäre man am liebsten eine Erdbeere, so wie er sie hegt und pflegt", scherzt Marie-Theres. Um die Kundinnen und Kunden jedes Jahr wieder mit süßen, aromatischen Erdbeeren glücklich machen zu können, ist abgesehen von viel Liebe in erster Linie Erfahrung und jede Menge Einsatz nötig. Wird es kalt, werden die Pflänzchen mit Vlies abgedeckt, an warmen Tagen kommt die Decke wieder herunter. Zu Beginn der Saison werden die Freilanderdbeeren mit Stroh eingestreut, damit die Früchte sauber und trocken bleiben. Außer dem Freiland gibt es den geschützten, wetterunabhängigeren Anbau unter einem Foliendach. So bekommen die Früchte mehr Sonne ab und können schneller reifen. Dadurch kann der gelernte Landwirtschaftsmeister Christoph die Erdbeerzeit für seine Kundinnen und Kunden verlängern. Gearbeitet wird im integrierten Anbau, die Bedingungen für die Erdbeeren werden so gut wie möglich gestaltet, es kommen Nützlinge zum Einsatz und nur wenn erforderlich auch Pflanzenschutzmittel. „Erdbeeren sind ein Anbaubereich, in dem man die Vermarktung etwas besser selbst steuern kann, mit der Perspektive, etwas unabhängiger vom Übrigen zu sein", erklärt der 59-Jährige. Außer den Erdbeeren werden während der Sommersaison Spargel, Himbeeren, Blaubeeren, Brombeeren und Kirschen verkauft. Auch Kartoffeln, Eier sowie Himbeergeist aus eigenen Früchten bieten die Schulte Spechtels an.

Tolles tierisches Hoftreiben Doch auf dem Hof geht es auch tierisch zur Sache. Die Verantwortung für die Putenmast hat Marias Bruder Markus übernommen und wird darin von Freundin Viola unterstützt. Bei Aufzucht und Mast der Puten haben die Schulte Spechtels das Tierwohl in den Fokus genommen, darum ist die Besatzdichte der Ställe niedriger als in anderen Betrieben. Die Tiere bekommen außerdem zum Beispiel Strohballen zum Spielen, Picken und Klettern, denn „Puten sind sehr neugierige Tiere und finden es immer ganz klasse, wenn man sie ein wenig beschäftigt", erklärt Viola. Das Fleisch wird bislang über eine Erzeugergemeinschaft verkauft. Aber die junge Generation möchte auch da verstärkt auf den eigenen Hofladen setzen. Das ist das Zukunftsprojekt des jungen Paars.

Träume werden wahr Maria, mit 21 Jahren das Küken in der Familie, ist in das bunte, fleißige Arbeitstreiben auf dem Hof vollkommen integriert. Die ausgebildete Pferdewirtin züchtet hier westfälische Sportpferde und bildet sie aus. Natürlich ist sie selbst passionierte Reiterin, beim Ritt durch das freie Gelände kann sie die Seele baumeln lassen, durch die eigenen Gedanken streifen und neue Ideen sammeln. Als Kind war das Reiten nur eines von Marias vielen Hobbys. Doch mit ihr wuchs der Wunsch, genau dieses Hobby zum Beruf zu machen, und sie verfolgte ihn zielstrebig, wobei ihr die eingeschlagene Richtung bei objektiver Betrachtung quasi in die Wiege gelegt worden ist. Familienseitig wird sogar vermutet, dass die Leidenschaft für Pferde genetisch bedingt sein muss. Denn schon Marias Mutter hat auf dem Hof vor gut 35 Jahren mit der Pferdezucht

„Ich lebe hier in jedem Fall meinen Traum!“

begonnen, und ihre Tochter konnte als leidenschaftliche Reiterin die Chance nutzen, in ihre Fußstapfen zu treten. „Ich lebe in jedem Fall meinen Traum, habe ganz großes Glück, ihn hier verwirklichen zu können, und bin froh, dass meine Eltern mir dies ermöglichen“, strahlt die gelernte Pferdewirtin. Ihre Ausbildung hat sie am DOKR (Deutsches Olympiade Komitee für Reiterei) in Warendorf, einer der Topadressen in der Pferdebranche, gemacht. Aus Hobby wurde Beruf, und Misten, Einstreuen, Füttern, Trainieren und Reiten zum täglichen Geschäft. Und hört man genau hin, klingt es nicht nur für die 21-Jährige nach der Erfüllung eines Traums, sondern auch nach einer Wellness-Oase für die Vierbeiner: Im eigenen Pferdesolarium werden sie getrocknet, damit sie sich nicht erkälten. Gegen verhärtete Muskulatur gibt es Vibrationsdecken.

Jeden Tag arbeitet Maria mehrere Stunden mit ihnen, zuweilen wird sie dabei auch heute noch von ihrer Mutter Marie-Theres – die ansonsten den Hofladen managt und sich um ganz viel Organisatorisches kümmert – unterstützt und kann natürlich von deren jahrzehntelanger Erfahrung im Bereich der Pferdezucht profitieren.

Der Weg als Ziel Neben Ausbildung und sportlichem Training ist ihr der gute Umgang mit den Tieren sehr wichtig, tägliche Fell- und Hufpflege inbegriffen. In die letztes Jahr geborenen vier Fohlen – die Väter sind sorgfältig ausgewählte Zuchthengste – setzt Maria große Hoffnung. Die besten Pferde möchte sie ausbilden und verkaufen. „Das Fundament für eine erfolgreiche Ausbildung liegt neben der Abstammung zum Großteil im Charakter der Tiere. Und sie müssen ganz viel Leistungsbereitschaft mitbringen. Das ist auch das, worauf wir am meisten Wert legen“, erklärt Maria. Dass sie und ihre Mutter hier ein gutes Händchen haben, zeigen die Erfolge, die sie mit ihren Tieren in Vielseitigkeitsprüfungen und Geländeturnieren regelmäßig erzielen. Bei den Westfälischen Meisterschaften 2018 beispielsweise hat Marie nur ganz knapp eine Medaille verpasst. Der absolute Stolz ihrer Eltern war und ist ihr dennoch sicher.

Blick in die Zukunft Maria möchte die Pferdezucht ausbauen, professionalisieren und umfassende Lehrgänge für Mensch und Pferd anbieten. Derzeit absolviert sie eine Zusatzausbildung zur Physiotherapeutin für Tiere. Ihr großer Traum ist die Teilnahme am CHIO Aachen (Concours Hippique International Officiel), ein in der westlichsten Domstadt Deutschlands seit 1924 stattfindendes internationales Pferdesport-Turnier im Springreiten. Es wird im Rahmen der Veranstaltung der prestigeträchtige „Große Preis von Aachen“ ausgetragen. Abgesehen davon werden Maries entspannende Waldausritte sicher auch weiterhin Ideengeber für spannendes Neues sein.

Geräuchertes von der Pute

mit Heidelbeersauce und Kräutern

Zutaten für 6 Personen

Für die geräucherte Putenbrust
3 TL Senf
5 TL Honig
500 g Putenbrust

Für die geräucherte Putenkeule
1 TL Salz
1 TL getrocknetes Basilikum
1 TL edelsüßes Paprikapulver
500 g Putenkeule

Für die Heidelbeersauce
2 EL Heidelbeermarmelade
2 TL Hanföl
2 TL Apfelessig
Salz · Pfeffer aus der Mühle

Zum Servieren
2 Handvoll Wildkräuter
2 Handvoll essbare Blüten
etwas Hanfsaat (optional)

Utensilien
Räucherofen

1. Für die Putenbrust den Senf und den Honig verrühren und die Putenbrust rundum damit bestreichen. 2 bis 3 Stunden in einer Schüssel im Kühlschrank marinieren.

2. Für die Putenkeule die Marinade wie folgt zubereiten: Salz, Basilikum und Paprikapulver mit 1 bis 2 EL kochendem Wasser anrühren, sodass eine sämige Flüssigkeit entsteht. Die Putenkeule mit der Marinade bestreichen und 2 bis 3 Stunden in einer Schüssel im Kühlschrank marinieren.

3. Die Putenbrust und die Putenkeule 2 bis 3 Stunden heiß über Buchenspänen räuchern. Das Putenfleisch bleibt saftig, wenn man es 30 Minuten auf 120 °C räuchert und anschließend mit 70 °C gart. Faustregel: pro kg Pute 50 bis 60 Minuten.

4. Für die Heidelbeersauce die Heidelbeermarmelade mit Hanföl und Apfelessig vermischen und mit Salz sowie Pfeffer würzen.

5. Zum Servieren die Putenbrust und die Putenkeule aufschneiden. Die Sauce in ein kleines Gefäß füllen. Alles zusammen auf einem Teller anrichten. Dazu passen Wildkräuter und essbare Blüten. Als Topping schmeckt auch etwas Hanfsaat.

Knusprige Putenschnitzel

mit Kartoffelspalten, Salsa, Spargel und Sauce hollandaise

Zutaten für 6 Personen

Für die Salsa
500 g Erdbeeren
1 rote Zwiebel
2 grüne Mini-Chilischoten
Salz · Rohrzucker
Saft von 1 Limette

Für die Kartoffelspalten
1 kg festkochende Kartoffeln
2–3 EL Öl
Salz · Pfeffer aus der Mühle
edelsüßes Paprikapulver

Für den Spargel
2 kg geschälter weißer Spargel
75 g Butter
½ TL Salz · ½ TL Zucker

Für die Putenschnitzel
ca. 6 EL Mehl Type 405
2 Eier (M) · 1 EL Kaffeepulver
1 EL edelsüßes Paprikapulver
1 EL Rohrzucker
Abrieb von 1 Bio-Limette
Salz · Pfeffer aus der Mühle
ca. 8 EL Cornflakes (ungezuckert)
6 Putenschnitzel
3–4 EL Öl oder Butterschmalz

Für die Sauce hollandaise
3 Eigelb (M)
3 EL Zitronensaft
etwas trockener Weißwein
125 g Butter
Pfeffer aus der Mühle · Salz
etwas frische gehackte Petersilie

Utensilien
Backblech · Backpapier

1. Für die Salsa die Erdbeeren waschen und putzen. Die Zwiebel schälen. Die Chilis längs halbieren, entkernen und waschen. Alle Zutaten sehr fein schneiden und vermischen. Mit Salz, Rohrzucker und Limettensaft nach Geschmack würzen.

2. Für die Kartoffelspalten den Backofen auf 180 °C Umluft vorheizen. Die Kartoffeln waschen und längst vierteln. Mit Öl, Salz, Pfeffer und Paprikapulver würzen und auf einem Backblech mit Backpapier verteilen. Im Ofen auf der mittleren Schiene 20 bis 30 Minuten garen.

3. Für den Spargel den geschälten Spargel mit Butter, Salz und Zucker im Dampfgarer 40 Minuten dampfgaren. Alternativ kann der Spargel in kochendem Wasser etwa 20 Minuten gegart werden. Butter, Salz und Zucker werden dann dem Wasser zugefügt.

4. Für die Schnitzel den Backofen auf 80 °C Ober-/Unterhitze vorheizen. Ein Backblech mit Backpapier belegen. Für die Panadenstraße drei Teller bereitstellen: Der erste Teller ist für das Mehl. Die Eier mit dem Kaffeepulver, Paprikapulver, Rohrzucker, Limettenschale, Salz und Pfeffer verquirlen und auf den zweiten Teller geben. Für den dritten Teller die Cornflakes zerstoßen und auf den Teller geben.

5. Die Schnitzel zuerst im Mehl wenden, dann im verquirlten Ei und zum Schluss in den Cornflakes panieren. Das Fett in einer Pfanne erhitzen und die Schnitzel darin bei mittlerer Hitze etwa 3 Minuten pro Seite braten. Herausnehmen und anschließend auf dem Backblech im Backofen auf der mittleren Schiene etwa 15 Minuten nachziehen lassen.

6. Für die Sauce hollandaise Eigelb mit dem Zitronensaft und dem Wein verquirlen und im Wasserbad bei schwacher Hitze cremig schlagen. Die Mischung unter beständigem Rühren über dem heißen Wasserbad auf 60 bis 70 °C erwärmen. Die Butter bei schwacher Hitze schmelzen lassen. Die geschmolzene Butter langsam zur Eimasse geben und unterrühren. Wichtig: Eimasse und Butter müssen dieselbe Temperatur haben! Die Sauce hollandaise mit Pfeffer und Salz würzen und mit gehackter Petersilie garnieren.

7. Zum Servieren die Schnitzel auf Teller legen, daneben die Wedges und den Spargel. Die Sauce hollandaise über den Spargel geben. Die Salsa in kleinen Schälchen dazu reichen.

Sorbet aus Heidelbeeren

mit sahnigem Herrencremejoghurt

Zutaten für 6 Personen

Für den Herrencremejoghurt
400g Sahnejoghurt
Herrencremelikör nach Geschmack

Für das Heidelbeersorbet
500g gefrorene Heidelbeeren
150 ml Orangensaft
Chilipulver nach Geschmack

Zum Servieren
100g frische Heidelbeeren (nach Belieben noch anderes Beerenobst)
3 Minzestiele
ca. 12 EL Eierlikör
Zesten von 1 Bio-Orange
Puderzucker

1. Für den Herrencremejoghurt den Joghurt mit Herrencremelikör nach Geschmack verfeinern.

2. Für das Heidelbeersorbet die gefrorenen Heidelbeeren mit dem Orangensaft und Chilipulver nach Geschmack pürieren.

3. Zum Servieren 6 Dessertteller bereitstellen. Die Heidelbeeren waschen und trocken tupfen. Die Minze waschen, trocken schütteln und die Blätter abzupfen.

4. Mit dem Eierlikör auf jedem Teller einen Spiegel anrichten. Herrencreme-Joghurt und das Heidelbeersorbet zusammen hübsch darauf drapieren und mit frischen Beeren und Minze verzieren. Zum Abschluss mit Orangenzesten und Puderzucker garnieren. Guten Appetit!

Rainer Overkämping ist ein Paradebeispiel dafür, wie aus vielen Generationen landwirtschaftlicher Tradition leidenschaftlich betriebener, vielseitiger Ökolandbau wird. Er freut sich sehr darauf, die übrigen Staffelteilnehmerinnen und -teilnehmer von „Land & lecker“ auf dem Familienhof begrüßen zu dürfen. Und natürlich möchte er mit seinem Menü zeigen, wie vielfältig und zeitgemäß das Fleisch seiner Bio-Masthähnchen verarbeitet werden kann.

Rainer Overkämping

Im Westmünsterland betreibt eine Familie seit dem 18. Jahrhundert mit Leidenschaft Ackerbau und Viehzucht.

Der Tradition verpflichtet Rhede liegt im Nordwesten Deutschlands und noch präziser im Westen des Münsterlands. Hier können die Overkämpings auf jede Menge Geschichte zurückblicken, denn die Familie bewirtschaftet ihren Hof seit dem 18. Jahrhundert. Aktuell sind das Rainer mit seiner Frau Steffi und den drei Kindern Oliver, Carolin sowie Theodor. Seine Eltern sind auch mit von der Partie, wobei er und Steffi den Betrieb gemeinsam leiten. „Ich bin gerne Landwirt, weil ich diesen Job mit Herzblut mache", schwärmt Rainer und strahlt dabei über das ganze Gesicht. Unterstützung bei der Arbeit bekommen sie neben Saisonkräften von zwei Senioren und zwei Auszubildenden. Was zu Beginn der Hofgeschichte noch ganz selbstverständlich und nicht anders denkbar war, hat der staatlich geprüfte Agrarbetriebswirt im Jahr 2016 zurückgeholt und den

> „Ich bin gerne Landwirt, weil ich diesen Job mit Herzblut mache."

Hof auf ökologische Landwirtschaft umgestellt. Chemische Dünger und Pestizide sind tabu, stattdessen wird auf natürliche Methoden und den Erhalt der Bodenfruchtbarkeit durch Fruchtwechsel und Mischkulturen gesetzt. Begonnen hat der heute 34-Jährige dabei mit dem Ackerbau, nach und nach kamen verschiedene Gemüsekulturen dazu. Heute wird eine breite Palette ökologischer Produkte im Freiland erzeugt. Ab April oder Mai, je nach Witterung und Temperaturen, werden die Jungpflanzen ins Erdreich gesetzt. In der Kohlsparte haben Spitzkohl, Chinakohl, Rot- und Weißkohl sowie Blumenkohl und Brokkoli ihren festen Platz. Daneben werden Kartoffeln, Zwiebeln, Wasch- und Snackmöhren, Erbsen, Rote Bete und Kürbisse kultiviert. Darüber hinaus baut Rainer einen Teil des eigenen Futters an, zum Beispiel Mais und Weizen. Das wird nach der Ernte auf dem Hof eingelagert. Je nach Bedarf kommt die mobile Mühle vorbei, um das Getreide vor der Verfütterung zu mahlen.

Gehörnte Hühnersecurity Im Herbst 2019 durften die ersten Bio-Legehennen auf dem Hof einziehen – inzwischen sind es 150 Stück, und die Tiere lieben ihr Leben im Hühnermobil, genießen den Auslauf auf den Wiesen rundherum. Kurze Zeit später gab es weiteren Zuwachs auf dem Hof, und seitdem herrscht ein ganz schönes Gewimmel im Stall und auf den Wiesen: Zum Ende desselben Jahres nämlich folgten auf die Legehennen erste Masthähnchen als Ein-Tages-Küken. Aktuell werden stolze 23.000 Tiere auf dem Hof und in einem Partnerbetrieb aufgezogen. Sind sie alt genug, dürfen sie mit nach draußen auf die frischen Wiesen. Um sie dort vor Fressfeinden und hier insbesondere vor den Attacken durch Greifvögel zu schützen, kommen als Hüter ganz spezielle Vierbeiner zum Einsatz: Ziegen! Klingt im ersten Moment ungewöhnlich, funktioniert aber prima. Denn Ziegen und Hühner verstehen sich nicht nur ausgesprochen gut, die gehörnten Freunde schlagen auch flink mögliche Angreifer, wie Habicht oder Fuchs, in die Flucht, wenn sie ihr Revier verteidigen. Bei alledem grasen die Ziegen die Wiesen ab, bis die Hühner weiterziehen – Landschaftspflege ist also inklusive.

Experiment „Kükenbrüten" Zum Jahreswechsel 2019/2020, als der Kreis Borken wegen einiger Geflügelpestfälle erst Sperr- und dann Überwachungszone war, durften keine neuen Tiere eingestallt werden. Rainer Overkämping nahm die Challenge an, machte aus der Not einfach eine Tugend und ließ anstelle von Ein-Tages-Küken Bruteier liefern. Das Experiment „Kükenbrüten" lief unter konsequenter Überwachung von Luftfeuchtigkeit, Temperatur und Sauerstoffgehalt – und das Ergebnis konnte sich sehen lassen. Denn kur-

ze Zeit später wimmelte es im Stall nur so vor kleinen fidelen orange-gelben Piepmätzen. Ruckzuck werden aus den kleinen Flauschknäueln große Hähnchen. Und sie alle haben Glück, dass sie auf einem Bio-Hof groß werden dürfen. Je nach Wetter verbringen sie die ersten drei bis vier Wochen in der Kükenaufzucht im Warmen, wo sie auf einer dicken Schicht Einstreu ihr Federkleid ausbilden können – ein Stutzen der Schnäbel ist verboten. Anschließend dürfen auch sie auf die Wiesen. Hier können die Tiere ein wesensgerechtes Leben führen, haben viel Auslauf, können scharren, picken, Käfer und Würmer fressen oder Staubbäder nehmen. Die artgerechte Haltung sorgt für gesundes Geflügel und steigert die Produktqualität. Bio-Hähnchen haben mehr Zeit zum Aufwachsen als konventionell aufgezogene Masthähnchen. Während diese bereits nach vier bis sechs Wochen als schlachtreif gelten, beträgt die Lebenszeit für Hähnchen, die nach Öko-Richtlinien gemästet werden, zehn bis zwölf Wochen. Die vorsorgliche Verabreichung von Medikamenten oder Hormonen ist im Ökolandbau verboten. Öko-Masthähnchen dürfen in ihrem Leben nur ein einziges Mal mit chemisch-synthetischen Arzneimitteln behandelt werden, sonst verlieren sie ihren Öko-Status. Noch ist der Markt für Bio-Geflügel eine Nische, doch entgegen der sinkenden Fleischnachfrage im Allgemeinen steigt die Nachfrage nach Bio-Fleisch. Die höheren Preise haben mehrere Gründe: Öko-Küken und -Futter sind teurer, die längere Mastdauer verdoppelt die Erzeugungskosten. Hinzu kommt die weitaus geringere Besatzdichte, die für Mitglieder der Öko-Verbände maximal 280 Hähnchen je Hektar anstelle von 580 im konventionellen Bereich vorsieht.

Transparenz vermittelt Wissen Um ihre Arbeit möglichst transparent zu gestalten, bieten die Overkämpings Schulklassen und interessierten Besuchern Gruppenführungen durch den Betrieb an. Hier vermitteln sie Wissen darüber, was es bedeutet, ökologische Landwirtschaft zu betreiben. Es gibt Hintergrund-Know-how zum Anbau bestimmter Gemüsesorten samt Zwischenstopp mit Einblick in die Hähnchenmast. Und für die kleinen Besucher bleiben im Stall der Legehennen hin und wieder ein paar Eier zum Finden liegen. Man kann erfahren, welche Maschinen wozu genutzt werden, darunter gibt es eine große Zwiebel-und Kartoffel-Sortieranlage zu bestaunen. Sogar Kindheitsträume können sich hier – auch für die Großen – erfüllen, indem man die Möglichkeit bekommt, bei einer Traktorfahrt dabei zu sein. Kaum verwunderlich also, dass der Bio-Hof Overkämping nicht zum ersten Mal bei der WDR-Aktion „Türen auf mit der Maus" dabei ist, wenn es darum geht, unter dem Motto „ZusammenTun" Kindern und ihren Eltern die kleinen und großen Fragen über die Landwirtschaft zu beantworten.

„Nachhaltigkeit ist für mich und meine Familie das Leitmotiv."

Fenster zum Hof „Schau mal hier, hier lebt mein Tier" heißt der Slogan der Initiative „Fenster zum Hof", dessen Teil die Overkämpings ebenfalls sind. An offenen Stallfenstern oder an der Weide möchten landwirtschaftliche Betriebe des Münsterlands allen Interessierten die Möglichkeit geben, die Landwirtschaft live zu erleben. Rainer hat dafür extra Fenster in den Hähnchenstall einbauen lassen. Wer vorbeischaut, kann sich im Anschluss im Selbstbedienungshäuschen direkt noch mit verschiedenen regionalen Produkten versorgen oder ein leckeres Eis schlemmen. Nachhaltigkeit ist für die Overkämpings das Leitmotiv. Die Biobauern mit Leib und Seele werden auch zukünftig mit der klaren Vision für ökologische Landwirtschaft frische Ideen weiterentwickeln, um eines Tages den Hof wiederum an ihre Kinder übergeben zu können.

Pulled Chicken

im hausgemachten Burger Bun

Zutaten für 8 Personen

Für die Burger Buns
500 g Mehl Type 405
3 Eier (M)
10 g Salz
150 g Milch
75 g Butter
15 g frische Hefe
35 g Zucker
etwas Eigelb zum Bestreichen

Für das Pulled Chicken
200 ml BBQ Sauce
50 ml Orangensaft
etwas Cayennepfeffer
etwas edelsüßes Paprikapulver
etwas körnige Gemüsebrühe
Salz · Pfeffer aus der Mühle
2 EL Öl
500 g Hähnchenbrustfilet

Utensilien
Backblech
Backpapier
Bräter oder backofengeeignete Pfanne mit Deckel

1. Für die Burger Buns am Vortag alle Zutaten in eine große Schüssel geben und mit den Händen zu einem gleichmäßigen Teig vermengen. Den Teig abgedeckt 10 bis 12 Stunden in den Kühlschrank stellen.

2. Nach der Teigruhe den Teig in 8 gleich große Portion aufteilen und diese zu Kugeln formen. Die Kugeln auf einem mit Backpapier belegten Backblech verteilen und mit Eigelb bestreichen. Danach gut abgedeckt 90 Minuten an einem warmen Ort gehen lassen. Sie sollten ihr Volumen verdoppeln.

3. Den Backofen rechtzeitig auf 230 °C Ober-/Unterhitze vorheizen und die Brötchen im Ofen auf der mittleren Schiene 8 bis 10 Minuten backen.

4. Für besonderen Glanz die noch heißen Brötchen noch mal mit Eigelb bestreichen.

5. Für das Pulled Chicken etwa 1 Stunde vor dem Essen den Backofen auf 180 °C Umluft vorheizen. BBQ-Sauce, Orangensaft, Cayennepfeffer, Paprikapulver, Gemüsebrühe, Salz und Pfeffer nach Geschmack zu einer Marinade verrühren.

6. Das Öl in einem Bräter oder in einer für den Backofen geeigneten Pfanne erhitzen. Das Hähnchenfilet darin rundherum scharf anbraten und mit Salz und Pfeffer würzen.

7. Das Hähnchen in einen Bräter oder eine Auflaufform geben und mit der Marinade übergießen. In den Backofen auf die mittlere Schiene stellen. Das Hähnchen etwa 30 Minuten schmoren. Es soll durchgegart sein und sich leicht zerzupfen lassen.

8. Das Fleisch herausnehmen und entlang der Faser zerzupfen. Anschließend wieder in die Marinade geben, alles gut vermischen und weitere etwa 15 Minuten schmoren.

9. Die Buns aufschneiden und mit dem Pulled Chicken befüllen.

Hähnchenrouladen

mit Ofenmöhren und Rosmarinkartoffeln

Zutaten für 6 Personen

Für die Hähnchenrouladen
6 Hähnchenkeulen
200 g Champignons
3 EL Öl
Salz · Pfeffer aus der Mühle
50 g Rucola
6 Scheiben roher Schinken

Für die Ofenmöhren
1,2 kg Möhren
3 EL Butter
3 EL Öl zum Braten
3 EL Honig
3 EL Zitronensaft
Salz · Pfeffer aus der Mühle

1. Für die Hähnchenrouladen die Hähnchenkeulen trocken tupfen. Die Haut abziehen. Zum Auslösen der Knochens mit einem scharfen Messer einen Schnitt der Länge nach durch das Ober- und Unterschenkelfleisch bis auf die Knochen setzen. Die Knochen herauslösen. Die Sehnen entfernen, das Fleisch aufklappen und plattieren.

2. Die Champions putzen, mit Küchenpapier trocken abreiben und in dünne Scheiben schneiden. 2 EL Öl in einer Pfanne erhitzen und die Pilze darin scharf anbraten. Beiseitestellen. Den Rucola waschen, verlesen und trocken schütteln.

3. Das Hähnchenfleisch von beiden Seiten mit Salz und Pfeffer würzen. Auf jede Fleischscheibe eine Scheibe Schinken, einen Teil der Champignons und ein paar Blätter Rucola geben. Die belegten Scheiben dann zu gleichmäßigen Rouladen aufrollen und mit Küchengarn oder Rouladenspießen verschließen. Die Rouladen kühl stellen und die Beilagen zubereiten.

4. Für die Ofenmöhren den Backofen auf 180 °C Umluft vorheizen. Die Möhren putzen, waschen, schälen, vierteln und längs halbieren.

5. Die Butter schmelzen und mit Öl, Honig, Zitronensaft, Salz und Pfeffer nach Geschmack zu einer Marinade verrühren. Die Möhren auf einem Backblech verteilen oder in eine große Auflaufform geben. Die Marinade darüber verteilen und die Möhren im Ofen auf der mittleren Schiene etwa 1 Stunde garen.

Für die Rosmarinkartoffeln
1 kg Drillinge
Salz
4 Knoblauchzehen
8 Rosmarinzweige
100 ml Öl
4 Spritzer Zitronensaft
Salz · Pfeffer aus der Mühle

Utensilien
Küchengarn oder Rouladenspieße
Backblech oder große Auflaufform

6. Für die Rosmarinkartoffeln die Drillinge gut abwaschen und ungeschält in Salzwasser etwa 20 Minuten garen.

7. Den Knoblauch schälen und fein hacken. Den Rosmarin waschen und trocken tupfen, die Nadeln von den Zweigen lösen und mit einer Schere klein schneiden. Knoblauch, Rosmarin, Öl, Zitronensaft sowie Salz und Pfeffer nach Geschmack mischen.

8. Die Ölmischung in einer Pfanne erwärmen und die Kartoffeln darin braten, bis sie leicht gebräunt sind.

9. Zum Garen der Rouladen etwa 30 Minuten, bevor die Beilagen fertig sind, in einer Pfanne 1 EL Öl erhitzen. Die Rouladen darin bei mittlerer Hitze von allen Seiten je 2 bis 3 Minuten braten, bis sie rundum gebräunt sind, dann bei schwacher Hitze gar ziehen lassen.

10. Zum Servieren je eine Roulade auf einen vorgewärmten Teller setzen. Die Ofenmöhren und die Rosmarinkartoffeln daneben anrichten.

RAINERS TIPPS: Diese Rouladen eignen sich auch hervorragend für die Zubereitung auf dem Grill. Falls keine Rouladenspieße zur Verfügung stehen, kann man auch Zahnstocher oder Holzspieße verwenden.
Bio-Möhren müssen nicht geschält werden.

Nougatmousse

mit Früchten und Eierlikör

Zutaten für 8 Personen

Für die Nougatmousse
200 g weiße Schokolade
150 g Nougat
500 g Sahne
3 Blatt Gelatine
2 Eigelb (M)
2 Eier (M)
20 g Zucker

Zum Servieren
200 g gemischte frische Beeren (z. B. Heidelbeeren, Erdbeeren)
Eierlikör nach Geschmack

Utensilien
8 Dessertgläser (à ca. 200 ml)

1. Für die Nougatmousse am Vortag die weiße Schokolade grob zerkleinern. Nougat und Schokolade zusammen in einer Schüssel über einem heißen Wasserbad vorsichtig schmelzen. Anschließend auf Raumtemperatur abkühlen lassen.

2. Die Sahne halbsteif schlagen und bis zur Weiterverarbeitung zugedeckt in den Kühlschrank stellen.

3. Die Gelatine in kaltem Wasser einweichen. Eigelbe, Eier und Zucker in einer Metallschüssel über einem heißen Wasserbad warm aufschlagen, bis die Mischung schön schaumig und cremig ist.

4. Sobald die Eimasse cremig ist, vorsichtig die geschmolzene Nougat-Schokoladen-Mischung unterrühren. Die gut ausgedrückte Gelantine dazugeben und weiterrühren, bis sich die Gelatine vollständig aufgelöst hat.

5. Wenn sich die Gelatine vollständig aufgelöst hat, die Mischung vom Wasserbad nehmen und bei Raumtemperatur abkühlen lassen.

6. Sobald die Mousse kalt ist, langsam nach und nach die geschlagene Sahne unterheben. Die Mousse in kleine Gläser füllen und zugedeckt über Nacht im Kühlschrank fest werden lassen.

7. Zum Servieren die Beeren waschen und putzen, größere Früchte halbieren. Die Mousse mit Eierlikör und den frischen Früchten garnieren.

RAINERS TIPP: Alternativ können Sie die Mousse auch mit 20 ml Rum aromatisieren. Dieser wird in die cremige Eimasse gerührt, bevor die geschmolzene Nougat-Schokoladen-Mischung dazukommt.

Ostwestfalen-Lippe

Der Nordwesten Deutschlands bietet eine vielseitige Natur mit einer Mischung aus Flachland, Mittelgebirgen, Flüssen und landwirtschaftlichen Flächen. Große Waldgebiete, die sich mit Getreidefeldern und Obstplantagen abwechseln, sind wichtige Lebensräume für Wildtiere und Beitrag zur ökologischen Vielfalt der Region. Auch die Flüsse mit ihren Auen sind wertvolle Ökosysteme.

2023 geht bei „Land & lecker" hier Michael Stücke an den Start, bei dem ein Naturalienlohn zum wollig-weichen Glück geworden ist. Er und sein Mann pflegen als Hüter bedrohter Arten mit ihnen Tradition und Landschaft.
2024 tritt Inga Flachmeier mit dem Betrieb von Mann und Schwiegereltern für die Region an. Auf dem Hof geht es nach Bioland-Richtlinien mit allerhand Obst, anderen Feldfrüchten und Mutterkuhhaltung biologisch bunt zu.

In ihrer Freizeit gilt die Leidenschaft von Michael und seinem Mann Jochen dem Garten und der Kulinarik. Sie freuen sich riesig darauf, ihre Gäste bei „Land & lecker" zu verwöhnen. Auch möchten sie gerade der jüngeren Generation zeigen, wie großartig sich Lammfleisch zubereiten lässt. Neben mancherlei vom Lamm bedient sich Michael für sein Menü auf der Obstwiese und im kleinen Nutzgarten des Hofs ebenso wie auf dem eigenen Kartoffelacker.

Michael Stücke

In Ostwestfalen-Lippe waren drei Tiere der Startschuss dafür, die Ausbildung zum leidenschaftlichen Schafflüsterer zu machen.

Aufs Schaf gekommen Die Schäferei Stücke in Löhne im Landkreis Herford, kurz vor der Grenze zu Niedersachsen, steht für hochwertige Schafprodukte und authentische landwirtschaftliche Erlebnisse. Namensgeber Michael Stücke kommt eigentlich aus der konventionellen Landwirtschaft mit Schweinen und Kühen. 2014 haben er und sein Mann Jochen Klinge das rund 7500 Quadratmeter große Hofgelände mit dem für die Region typischen, 300 Jahre alten Vierständerhaus – ein durch vier Pfostenreihen getragener Hallenhaustyp, das vom 15. bis ins ausgehende 19. Jahrhundert von der bäuerlichen Bevölkerung als Wohnstallhaus in Fachwerkbauweise errichtet wurde – erworben. Seitdem bewirtschaften sie ihn mit der Unterstützung von Familie und Freunden und bauen eigentlich ständig um, aus und neu.

> „Unsere Schafe können viel mehr, als nur Wolllieferanten zu sein."

Der Weg hierhin war nicht geplant und hat sich durch ein Ereignis in den 1990er-Jahren eher zufällig ergeben: Damals war die Entlohnung durch einen anderen Landwirt mit drei Schafen der Startschuss für die leidenschaftliche Schäferei. Zu dieser Zeit wusste Michael noch nichts über den Umgang mit Paarhufern und die Haltung dieser Tiere. Aber er nahm die Herausforderung an und absolvierte eine Ausbildung zum Schäfer. Heute ist der 50-Jährige Schäfer im Vollerwerb sowie Hüter bedrohter Tierarten und baut sämtliches Futter für seine Tiere selbst an. Michael ist eher der Landwirt, Jochens Steckenpferd ist der liebevoll gestaltete Hofladen. Hier vertreibt das Paar alles vom Schaf, denn Michael und Jochen wollen möglichst viel von den Tieren verwerten: von Fleisch und Wolle über handgefertigte Kleidung bis hin zu Hand- und Lippenpflege aus Wollfett. Die verschiedenen Schafrassen geben ganz unterschiedliche Wolle: Zwartbless-Schafe beispielsweise haben eine wunderbare feine, dunkle Wolle, die Michael und Jochen besonders schätzen. Sie dient zur Herstellung für Walkjacken, gewebte Sitz- oder Bankauflagen sowie Bett-Inlays, während die weiche, weiße Wolle des Bentheimer Landschafs sich hervorragend zu Wolle verspinnen lässt. Die Wolle der Heidschnucken ist so hart, dass sie sich für Kleidung oder Wolle nicht eignet. Aus ihr werden Teppiche und Schuh-Einlegesohlen hergestellt. Das Sortiment vom Schaf wird durch eine Vielzahl anderer, meist handgemachter, ökologischer Naturprodukte und verschiedener Lebensmittel, viele aus der Region, ergänzt.

Hoffest mit Schafschur Jährlich an Christi Himmelfahrt feiert die Schäferei Stücke ihr schon Tradition gewordenes Hoffest, zu dem sich immer zahlreiche Besucher auf dem Gelände zwischen Schafstall und Hofladen tummeln und in dessen Rahmen es für Groß und Klein unter anderem die Schur der Schafe zu bestaunen gibt. Nach dem Scheren wird die Wolle schonend gewaschen, gekämmt, gefärbt oder gebleicht und dann versponnen. Die natürliche Thermoregulations-Eigenschaft macht diesen nachwachsenden Rohstoff zu einem geschätzten Produkt für alle, die nicht nur an Wärmendem, sondern vor allem an Nachhaltigkeit interessiert sind. Doch die Schafe können noch viel mehr, als nur Wolllieferanten zu sein.

Tradition, Leidenschaft und Landschaft pflegen Die rund 400 Mutterschafe samt Lämmern und Böcken aus den Rassen Bentheimer Landschaf, Heidschnucke und Zwartbless-Schaf leben auf maximal 15 Herden aufgeteilt die ganze Sommersaison über draußen. Denn die Huftiere haben einen wichtigen Öko-Job: Sie betreiben in ausgewiesenen Schutzgebieten, vorwiegend im Naturschutzgebiet „Enger Bruch", im Auftrag der

Naturschutzbehörde des Landkreises Herford Landschaftspflege. Indem sie die für Maschinen teils schwer zugänglichen Weiden und Wiesen abgrasen und dabei Pflanzen fressen, die sich sonst zu stark ausbreiten würden, schaffen die Schafe Platz für Artenvielfalt. Der Kot der Tiere wirkt wie natürlicher Dünger und zieht Insekten an, die wiederum Blüten bestäuben und als Nahrung für Vögel dienen. „Ornithologen sind von der Artenvielfalt im Bruch begeistert", erzählt Michael, „denn er ist ein wichtiges Gebiet für Zugvögel im Frühjahr und Herbst, aber auch für Nahrungsgäste und Brutvögel wie den Kiebitz, Enten und Gänse."

„Artenschutz und eine vielfältige Natur sind uns eine große Motivation in unserem Schaffen."

Aber das Beweiden der Wiesen trägt nicht nur zu Förderung und Erhalt der tierischen Artenvielfalt bei, sondern auch der bedrohter Pflanzen. Denn beim Grasen tragen die Schafe in ihrer Wolle die Samen teils seltener Pflanzen mit sich und sorgen so für deren Verbreitung. „Für extensives Grünland, auf dem man bestimmte Öko-Kennarten wiederfindet, gibt es eine Sonderförderung", erklärt der 50-Jährige Michael, während er auf einer Wiese mit Jochen die dort wachsenden Pflanzenarten bestimmt und dabei ihm teilweise selbst unbekannte Pflanzenarten wie das Mausohr-Habichtskraut oder die Behaarte Wicke entdeckt. In Herford setzt das Kulturlandschaftsprogramm das Förderinstrument „Vertragsnaturschutz" des Landes NRW um. Es soll Landwirtinnen und Landwirten die Möglichkeit geben, aktiv etwas für Arten- und Biotopschutz zu tun.
Doch zurück zu den Schafen: Nach zwei Wochen ist eine Wiese abgeweidet, dann werden die Herden umgetrieben. Wenn die Schafe im Sommer draußen sind, leben jeweils ab Juni auch Gänse auf dem Hof, die zu Sankt Martin geschlachtet werden. So wird der Stall auch im Sommer genutzt.

Arche Noah für Schaf und Co. Neben alldem ist der Hof des Paars ein Ort für vom Aussterben bedrohte Tierrassen wie das Bentheimer Landschaf und mehrere Heidschnucken-Arten. Erstgenanntes ist das älteste deutsche Moor- und Heideschaf – eine robuste, anspruchslose Hausschafrasse. Die Graue Gehörnte Heidschnucke, ebenfalls auf der Roten Liste, ist eine bodenständige, anspruchslose, widerstandsfähige Rasse und prädestiniert für die Landschaftspflege. Die Gründe für das Aussterben von Rassen sind vielfältig: wirtschaftlich größere Attraktivität von für die Fleisch- oder Milchproduktion gezüchteten Hochleistungsrassen, Rückgang von Weideflächen durch Urbanisierung und Industrialisierung bei gleichzeitiger Intensivierung und Spezialisierung der Landwirtschaft, Rückgang extensiver Weidewirtschaft, Schwinden des Wissens über Haltung und Zucht traditioneller Schafrassen, Bevorzugung billigerer Produkte von Hochleistungsrassen in der Konsumentennachfrage, Klimawandel und teils fehlende Förderprogramme zum Erhalt der genetischen Vielfalt. Denn ohne finanzielle Anreize ist die Haltung von Rassen auf der Roten Liste nicht rentabel. Und nicht jeder lebt seine Ideale mit solch einer Hingabe und Leidenschaft zu Landschaft und Tier, wie Michael und Jochen es tun. Apropos Leidenschaft: In ihrer Freizeit gilt diese dem Kochen. Beide freuen sich darauf, gerade der jüngeren Generation zu zeigen, wie großartig sich Lammfleisch zubereiten lässt.
Mit großem Engagement und viel Leidenschaft werden sie weiterhin mit Behörden, Naturschützern, Anliegern und Landwirten am Erhalt der wichtigen natürlichen Ressource arbeiten, wobei sie das Gebiet zur praktischen Landschaftspflege gerne ausweiten würden.

Lammbratwurst

mit hausgemachter Currysauce und Kräuter-Zupfbrot

Zutaten für 6 Personen

Für die Currysauce
3–4 Zwiebeln (150 g)
150 g Gewürzgurken
60 g Butter
40 g Zucker
4 EL Currypulver
1 kg passierte Tomaten
70 g Tomatenmark
2 TL Salz
2 TL Sambal Oelek
20 ml Obstessig
1 Würfel Fleischbrühe

Für das Kräuter-Zupfbrot
250 g Butter + mehr für die Form
1 Handvoll gehackte Kräuter (z. B. Petersilie und Schnittlauch)
3 TL Salz
1 TL edelsüßes Paprikapulver
je ½ TL Knoblauchpulver, gemahlene Kurkuma, Basilikum, Oregano, Majoran
1 Würfel Hefe (42 g)
1 TL Zucker
600 g Weizenmehl Type 405
50 ml Olivenöl
Sesamsamen zum Bestreuen

Außerdem
6 gute Lammbratwürste (à ca. 100 g)

Utensilien
Springform (ca. 26 cm Ø)

1. Für die Currysauce am Vortag die Zwiebeln schälen und in kleine Stücke schneiden. Die Gewürzgurken ebenfalls in kleine Stücke schneiden. Anschließend beides mit einem Stabmixer fein zerkleinern und in einen Topf geben. Alle anderen Zutaten hinzufügen und gut vermischen. Die Sauce etwa 15 Minuten kochen. Abkühlen lassen, über Nacht kühl stellen und durchziehen lassen.

2. Für das Zupfbrot am besten ebenfalls am Vortag eine Kräuterbutter zubereiten: Die Butter mit gehackten Kräutern, 1 TL Salz, Paprikapulver, Knoblauch, Kurkuma, Basilikum, Oregano und Majoran vermengen und zugedeckt durchziehen lassen – am besten über Nacht im Kühlschrank. Die Kräuterbutter vor der Verwendung auf Raumtemperatur bringen, damit sie schön weich ist.

3. Für den Brotteig die Hefe zerbröseln, mit dem Zucker und 300 ml warmem Wasser mischen und unter Rühren auflösen. Mit Mehl, Olivenöl und 2 TL Salz zu einem Teig verkneten und zugedeckt an einem warmen Ort etwa 1 Stunde gehen lassen, bis sich das Volumen verdoppelt hat.

4. Den Backofen auf 180 °C Ober-/Unterhitze vorheizen. Eine Springform mit Butter fetten. Den Teig auf einer bemehlten Arbeitsfläche ausrollen und mit der weichen Kräuterbutter bestreichen.

5. Den bestrichenen Teig in etwa 5 cm breite Streifen schneiden und diese wie eine Ziehharmonika zusammenfalten. In der gefetteten Springform nebeneinanderlegen. Leicht mit Sesamsamen bestreuen und auf der mittleren Schiene etwa 30 Minuten backen.

6. Die Lammbratwürste grillen oder in einer Pfanne in wenig Fett braten. In Scheiben schneiden und mit der Currysauce und dem Kräuter-Zupfbrot servieren.

Gesottene Lammhaxe

mit Gemüsetaschen und Kartoffelgratin

Zutaten für 6 Personen

Für die Sauce
ca. 1 kg Knochen von Lamm und Rind
4 EL Öl
5 Möhren
5 Zwiebeln
½ Knollensellerie
100 g Tomatenmark
4–6 EL Zucker
3–4 Flaschen trockener Rotwein
8 Pimentkörner
8 Wacholderbeeren
8 Pfefferkörner
4 Lorbeerblätter
1 Knoblauchzehe, gepresst
½ Stange Lauch, in Ringe geschnitten
1–2 EL Salz

Für die Lammhaxen
6 Lammhaxen
1 Bund Suppengemüse
2 Zwiebeln
Salz · Pfeffer aus der Mühle
Öl zum Braten
1 Knoblauchzehe, angedrückt
100 g Tomatenmark
1 EL Zucker
1 Flasche Rotwein
je 8 Pimentkörner, Wacholderbeeren, Pfefferkörner
4 Lorbeerblätter

1. Für die Sauce etwa 1 Woche vorab starten. Knochen von Lamm und Rind mit dem Öl in einem weiten Bräter im Backofen auf der mittleren Schiene bei 250 °C Ober-/Unterhitze etwa 30 Minuten rösten. Die Gemüse schälen bzw. putzen und in kleine Würfel schneiden. Zu den Knochen geben. Das Tomatenmark einrühren, 4 EL Zucker einstreuen und alles im Ofen weitere etwa 5 Minuten anrösten. Den Bräter aus dem Ofen nehmen und auf den heißen Herd stellen.

2. Mit 200 ml Rotwein ablöschen, reduzieren lassen und erneut mit Rotwein ablöschen. Diesen Vorgang mit der ersten Flasche Wein mehrmals wiederholen. Den Bräter abkühlen lassen und über Nacht kalt stellen. Diesen Vorgang je nach gewünschter Intensität der Sauce 2 oder 3 Tage lang wiederholen, dabei den Fond täglich 2 bis 3 Stunden einkochen. Am letzten Tag nach dem Aufkochen 1 l Wasser angießen. Piment, Wacholder, Pfeffer, Lorbeer, Knoblauch und Lauch dazugeben und die Sauce bis zur gewünschten Intensität und Konsistenz einkochen. Die Sauce durch ein feines Sieb gießen und final mit Salz und Zucker abschmecken.

3. Für die Lammhaxen bereits am Vortag den Backofen auf 80 °C Ober-/Unterhitze vorheizen. Gemüse und Zwiebeln schälen bzw. putzen und in kleine Würfel schneiden. Die Haxen mit Salz und Pfeffer würzen und in einem großen Bräter in etwas Öl anbraten. Herausnehmen. Gemüse, Zwiebeln und Knoblauch im Bräter mit etwas Farbe anbraten. Tomatenmark einrühren, Zucker einstreuen und beides anschwitzen. Mit 200 ml Rotwein ablöschen, die Gewürze dazugeben und die Flüssigkeit auf die Hälfte einkochen. Das Gemüse an den Rand schieben und die Haxen im Bräter verteilen. Restlichen Wein und so viel Wasser angießen, dass die Haxen fast bedeckt sind. Den Sud nennt man übrigens Heißleger.

4. Den Deckel auflegen und das Fleisch im Backofen mindestens 16 Stunden garen. Diesen schonenden Garvorgang nennt man Sotten. Das Fleisch wird dabei besonders zart. Nach Beendigung der Garzeit die Haxen aus dem Heißleger heben, den Knochen mit der Hand herausziehen, das Fleisch in den Einmachgläsern anrichten und mit der Sauce begießen. Den Heißleger zum Beispiel als Fond für ein anderes Gericht verwenden. Wer möchte, kann das Fleisch kurz vor dem Servieren mit einer Rauchpistole beräuchern. Die Gläser schnell verschließen und auf dem angerichteten Teller zum Tisch tragen.

Für das Kartoffelgratin
8 mittelgroße vorwiegend festkochende Kartoffeln
4 EL Öl
½ Knoblauchzehe
Salz · Pfeffer aus der Mühle
frisch geriebene Muskatnuss
ca. 500 g Sahne

Für die Teigtaschen
3 Möhren
1 Zucchini
2 Zwiebeln
1 Kohlrabi
4 EL Öl
etwas Gemüsefond
ca. 100 g Butter
ca. 100 g Zucker
Salz · Pfeffer aus der Mühle
frisch geriebene Muskatnuss
250 g Weizenmehl Type 405
3 EL Olivenöl
2 TL Salz
Öl zum Frittieren

Utensilien
großer Bräter mit Deckel
6 Einmachgläser (à ca. 500 ml)
Räucherpistole mit Kirschholzspänen (optional)
ofenfeste Form (ca. 28 cm Ø, alternativ 6 kleine Portionsförmchen)

5. Für das Kartoffelgratin den Backofen auf 180 °C Umluft vorheizen. Die Kartoffeln schälen und in feine Scheiben schneiden. In einer Pfanne mit dem Öl und Knoblauch dünsten, dabei mit dem Kochlöffel gut durchrühren, damit die Kartoffeln nicht anbrennen. Mit Salz, Pfeffer und Muskatnuss abschmecken. Es sollte gut salzig schmecken, da die Kartoffeln noch nachziehen. In eine ofenfeste Form oder 6 ofenfeste Portionsförmchen einschichten und mit so viel Sahne auffüllen, bis die Kartoffeln bedeckt sind. Im Ofen auf der mittleren Schiene etwa 25 Minuten backen.

6. Für die Teigtaschen Möhren, Zucchini, Zwiebel und Kohlrabi schälen bzw. putzen und in gleichmäßig kleine Würfel schneiden. Das Öl in einem Topf erhitzen und die Gemüsewürfel darin anschwitzen, sie sollten bissfest bleiben. Esslöffelweise mit Gemüsefond gerade eben ablöschen. Nach Gefühl Butter und Zucker zügig dazugeben und das Gemüse unter Schwenken damit glasieren. Die Füllung mit Salz, Pfeffer und Muskatnuss würzen und abkühlen lassen.

7. Für den Teig das Mehl mit Olivenöl und Salz sowie nach und nach so viel warmem Wasser (etwa 75 ml) verkneten, bis ein weicher, aber nicht klebriger, sondern gut ausrollbarer Teig entstanden ist. Den Teig auf der leicht bemehlten Arbeitsfläche etwa 2 mm dünn ausrollen.

8. Den Teig in handflächengroße Stücke schneiden und jeweils etwa 1 EL Gemüsemischung mittig daraufsetzen. Den Teig um die Füllung zu Säckchen zusammenführen – wichtig ist, dass er dicht am Gemüse anliegt – und die Ränder sorgfältig andrücken. Das Öl in einer Fritteuse oder einem großen Topf auf 170 °C erhitzen und die Teigtäschchen darin portionsweise etwa 2 bis 3 Minuten goldbraun frittieren, dabei hin und wieder wenden. Herausheben und auf Küchenpapier abtropfen lassen.

9. Zum Servieren die Lammhaxe im Glas, die Gemüsetaschen und das Kartoffelgratin heiß auf vorgewärmten Tellern anrichten.

MICHAELS TIPP: Falls Teig übrig bleibt, diesen im Kühlschrank aufbewahren und in den nächsten Tagen verwerten.

Heidelbeerkuchen

mit Streuseln an Joghurt vom Schaf

Zutaten für 6 Personen

Für den Heidelbeerkuchen
1 Vanilleschote
300g Butter
250g Zucker
4 Eier (M)
350g Weizenmehl Type 405
1 Msp. Natron
2 Handvoll Heidelbeeren

Für den Joghurt
500g Schafmilchjoghurt
feine Minzestreifen
etwas Zucker
ca. 2 Handvoll Beeren der Saison zum Dekorieren (z. B. Erdbeeren, Heidelbeeren, Himbeeren, Johannisbeeren)
Minzeblättchen zum Garnieren (nach Belieben)

Zum Servieren
etwas Puderzucker

Utensilien
Backblech
Backpapier
runde Ausstechform (7 cm Ø)
6 kleine Dessertgläser (à 230 ml Inhalt)

1. Für den Heidelbeerkuchen ein Backblech mit Backpapier belegen. Den Backofen auf 170 °C Umluft vorheizen.

2. Für den Teig die Vanilleschote mit einem spitzen Messer aufschneiden und das Mark herauskratzen. 250 g Butter und 200 g Zucker in einer Schüsseln mit dem Handrührgerät schaumig schlagen. Dann nach und nach die Eier dazugeben und weiter gut verrühren. Vanillemark, 300g Mehl und das Natron dazugeben und alle Zutaten zügig, aber gründlich verrühren.

3. Die Heidelbeeren waschen und trocken tupfen. Anschließend vorsichtig mit einem Teigschaber unter den Teig heben. Den Teig mit dem Teigschaber auf dem Backblech gleichmäßig verstreichen.

4. Für die Streusel 50g Butter, 50g Zucker und 50g Mehl in einer Rührschüssel mischen und mit den Händen krümelig durchkneten. Die Streusel auf dem Kuchenteig verteilen.

5. Das Blech in den Ofen auf die mittlere Schiene schieben und den Kuchen etwa 45 Minuten backen. Herausnehmen und lauwarm abkühlen lassen. Dann mit einer runden Ausstechform etwa 6 kleine Küchlein ausstechen.

6. Für den Joghurt den Schafmilchjoghurt kräftig aufrühren, bis er schön cremig wird, und mit Minze und etwas Zucker abschmecken. In kleine Dessertgläser füllen und mit Beeren der Saison und nach Belieben kleinen Minzeblättern dekorieren.

7. Die lauwarmen Heidelbeerküchlein mit Puderzucker bestäuben und alles zusammen schön anrichten. Guten Appetit!

Inga zeigt bei „Land & lecker“, wie sehr sie sich mit einer ihr vor zehn Jahren noch völlig fremden Lebens- und Denkweise verbunden fühlt und identifiziert. In das Hofleben mit Mann Thomas und den Schwiegereltern ist sie inzwischen vollständig eingebunden. Natürlich spielen in ihrem Menü neben dem Fleisch der eigenen Limousin-Rinder die unterschiedlichen Beeren von den Feldern rund um „Bergs Hof“ eine wichtige Rolle.

Inga Flachmeier

In Nordosten von Nordrhein-Westfalen steht eine Familie nicht nur mit Beeren für Bio-Landwirtschaft und Nachhaltigkeit.

Positiv in die Zukunft gehen Der „Bergs Hof" liegt südlich von Herford, der ehemaligen Hansestadt, die Teil des ostwestfälischen Verdichtungsraums ist, der sich von Gütersloh und Bielefeld über die Stadt bis nach Minden erstreckt. Die Hofstätte besteht seit 1839. Hier lebt Inga Flachmeier mit ihrem Mann Thomas, dessen Schwester Christina sowie den Schwiegereltern Anette und Gerhard. Noch führt die ältere Generation den Hof, doch bald werden Thomas und Inga ihn übernehmen. Die Landwirtschaft, den biologischen Anbau und saisonale Lebensmittel hat die 32-Jährige erst mit ihrem Mann Thomas kennen- und lieben gelernt. Inzwischen ist die studierte Grundschul- und Sonderpädagogin fest integrierter Teil des Hofs und probiert gern Neues aus. Ihre absolut positive Grundeinstellung unterstützt sie in allem Tun. Sie bringt sich – oft gemeinsam mit ihren Kindern Hannah und Lotta – mit Begeisterung aktiv im Hofgeschehen ein und macht gerne lange Spaziergänge mit Hofhund Oskar.

„Alles, was man mit Begeisterung anpackt und wo man mit dem Herzen dahintersteht, kann nur gut werden."

Bio-Pioniere Seit 1991 wird der Familienbetrieb mit etwa 85 Hektar ökologisch bewirtschaftet. Damit zählen die Flachmeiers noch zu den Bio-Pionieren in Deutschland, denn die Bewegung nimmt erst im Laufe des Jahrzehnts an Fahrt auf. Sie gehen weit über den gesetzlichen Mindeststandard für Bio-Lebensmittel hinaus. Auf dem „Bergs Hof" wurden damals die ersten Flächen auf den Anbau nach den strengen Bioland-Kriterien umgestellt. Damit sagten die Flachmeiers Nein zu Gentechnik, Massentierhaltung, chemisch-synthetischen Düngern und zum Einsatz von Pestiziden. Neben diesen Grundsätzen prägen für Schwiegervater Gerhard Mischkulturen und Kreislaufwirtschaft die Philosophie im Bioland-Landbau. Aus dieser Philosophie heraus ist das Düngen immer im gesamtbetrieblichen Zusammenhang zu sehen, was bedeutet, dass Ackerbau und Viehzucht eng miteinander verschränkt sind. Auf den Äckern wird unter anderem das Futter für die Tiere angebaut, die wiederum mit ihrem Mist für das Düngen der Felder sorgen. Mit der Umstellung auf den Bio-Betrieb kamen die ersten Erdbeeren auf den Hof, kurze Zeit später folgten Himbeeren, Johannisbeeren, Stachelbeeren und Schattenmorellen. Hinzu kamen Heidelbeeren und Aroniabeeren. Letztere gelten als Superfood mit wichtigen Nährstoffen und Antioxidantien. Neuster Zugang ist die Taybeere, eine Züchtung aus Himbeere und Brombeere. Alle Beeren können direkt am Hof auch selbst gepflückt werden. Neben dem Beerenobst bildet der Ackerbau mit Kartoffeln, Getreide und Tierfutter das zweite Standbein der Familie. Auf etwa 25 Hektar werden Weizen, Dinkel und Roggen angebaut, deren Getreide hauptsächlich als Brotgetreide an Bäckereien und Mühlen verkauft wird. Dinkel erlebt im Getreideanbau aktuell eine Renaissance, da er selbst bei Nahrungsmittelallergien als äußerst verträglich gilt und eine insgesamt harmonisierende Wirkung insbesondere auf die Verdauung hat. Außerdem ist Dinkel nicht nur gut für den Körper, sondern auch für die Umwelt, da er wenig Stickstoff braucht. Zum Zuckerrübenbau ist die Familie durch die erhöhte Nachfrage nach Bio-Zucker gekommen. Seit ersten zufriedenstellenden Anbauversuchen ist die Zuckerrübe in die Fruchtfolge fest integriert. „Ideal ist der Anbau nach Kleegras und Getreide", erklärt Thomas. 1996 hat der Hofladen eröffnet, dessen Angebot heute neben sämtlichen hofeigenen Produkten Erzeugnisse anderer regionaler, biologischer Hersteller umfasst. Während der Erdbeersaison wird der Verkauf durch Stände in der Umgebung unterstützt.

Mut zur Kreislaufwirtschaft Zwischen die bestehenden Apfelbaumreihen haben die Flachmeiers die Heidelbeersträucher gepflanzt. Streuobstwiese und Beerenkultur verbinden sich hier zur sogenannten Agroforstwirtschaft. So werden nachhaltige Landnutzungssysteme bezeichnet, bei denen Bäume und Landwirtschaft in bestimmter Weise und Absicht miteinander kombiniert werden. Zur gezielten Zusammenstellung der Pflanzenarten kommen auch noch Nutztiere, sie üben ökologisch und ökonomisch gegenseitig positive Wirkung aufeinander aus. Produktpalette und Kombinationsmöglichkeiten reichen von Getreide, Gemüse und Obst über tierische Produkte, beispielsweise Eier oder Honig, bis hin zu natürlichen Baumaterialien. Die Vorteile für Landwirtinnen und Landwirte liegen zum Beispiel in den Erweiterungsmöglichkeiten ihrer Produktpalette. Die Baumstreifen haben Windschutzwirkung, was die flächenbezogene Energie- und Nährstoffbilanz verbessert und gleichzeitig Erosion vermindert. Auch überstehen die Feldfrüchte länger anhaltende Trockenperioden im Schutz der Bäume besser, weil weniger Wasser verdunstet. Die Geschlossenheit der Nährstoffkreisläufe unterstützt noch einmal die auf dem Bioland-Hof bereits gegebene Kreislaufwirtschaft und sorgt für eine bessere Bodenfruchtbarkeit. Natur- und Umweltschutz können vom Agroforst nur profitieren, denn er sorgt unter anderem für mehr Biodiversität sowie eine Extensivierung der landwirtschaftlichen Produktion, schafft aber auch Lebensräume, Ruhezonen und Rückzugsgebiete für zahlreiche Tierarten. All diese Vorteile haben natürlich ihren Preis. Neben den Etablierungskosten ist der Aufwand zur Bewirtschaftung der Flächen höher als in der konventionellen Felderwirtschaft, während die Flexibilität im Anbau unterschiedlicher Kulturen je nach Wetter und Nachfrage am Markt sinkt. Umso wichtiger ist es, eine solche Umstellung sorgfältig zu planen. Und da das Rad nicht neu erfunden werden kann, verwundert es kaum, dass die Agroforstwirtschaft nichts Neues ist, sondern man sich damit auf Althergebrachtes besinnt. In Deutschland wurde die Methode bereits im Mittelalter betrieben, indem rund um Ortschaften Streuobstwiesen gepflanzt wurden. Ende des 19. Jahrhunderts verschwand die Bewirtschaftungsform durch den zunehmenden Einsatz von Maschinen und eine durch Monokulturen immer intensiver werdende Landwirtschaft. Durch das allmählich erstarkende Bewusstsein in Bezug auf Nachhaltigkeit und Naturschutz wird der landwirtschaftliche Fokus langsam, aber sicher auch wieder auf die Agroforstwirtschaft gerichtet. Zur Vervollständigung des ökologischen Kreislaufs hält Familie Flachmeier bei der zweiten Hofstelle in Exter (zehn Minuten von Herford) eine kleine Mutterkuhherde aus 45 Limousin-Rindern mit Nachzucht. Die Rasse gilt in Deutschland als eine der wichtigsten Fleischrinderrassen, da die Tiere dank ihrer Becken leicht gebären, gute bis sehr gute Zunahmen bei hervorragender Futterverwertung zeigen und ihr fein marmoriertes, mageres Fleisch von guter Qualität ist. Auch gelten Limousin-Rinder als langlebig und anpassungsfähig. Die Milchleistung der Mutterkühe reicht für gute Zunahmen der Kälber. Auf den saftig grünen Weiden leben die Rinder im Sommer ein unbeschwertes Rinderleben, im Winter werden sie in Ställen mit Auslauf untergebracht. 20 Legehennen, die im selbst zum Hühnermobil umgebauten Bauwagen ein fröhliches Hühnerleben führen, machen das tierische Team für die Kreislaufwirtschaft komplett. Da sie Zweinutzungshühner sind, werden ihre Hähne natürlich auch aufgezogen.

Blick in die Zukunft Mit der Weiterführung des Hofs nach biologischen Richtlinien und dem Fokus auf Direktvermarktung und Regionalität investiert Familie Flachmeier in ein traditionelles System mit ökonomischem wie ökologischem Zukunftspotenzial. Wie bereits in den 1990er-Jahren mit der Umstellung auf Ökolandbau durch die Eltern, so werden Thomas und Inga sicher auch weiterhin vorausschauend mit vielen guten Ideen in die Zukunft gehen.

Beerige Flammkuchen

mit Ziegenbrie, Rucola und Erdbeeren

Zutaten für 3 große Flammkuchen (6 Personen)

Für den Hefeteig
20 g frische Hefe
450 g Mehl (z. B. je 225 g Dinkelmehl Type 630 und Weizenmehl Type 405)
125 ml lauwarme Milch
100 ml Olivenöl
1 TL Salz

Für den Belag
ca. 5 Thymianzweige
200 g Ziegenfrischkäse
250 g Crème fraîche
2 TL flüssiger Honig
1 TL Balsamico bianco
Salz · Pfeffer aus der Mühle
50 g Pinienkerne
100 g Schinkenwürfel
500 g Erdbeeren
1 Bund Frühlingszwiebeln
400 g Ziegenbrie
2 Handvoll Rucola

Utensilien
Backblech
Backpapier

1. Für den Hefeteig die Hefe in 50 ml lauwarmem Wasser auflösen und 15 Minuten ruhen lassen.

2. Mit Mehl, Milch, 75 ml lauwarmem Wasser, Olivenöl und Salz mit den Knethaken einige Minuten kneten, bis ein glatter, geschmeidiger Teig entstanden ist.

3. Den Teig 30 Minuten an einem warmen Ort gehen lassen, bis er sein Volumen verdoppelt hat.

4. Für den Belag inzwischen den Thymian waschen, trocken schütteln und die Blättchen abzupfen, es sollten 2 EL Blättchen sein. Ziegenfrischkäse mit der Crème fraîche, Thymian, Honig, Essig, Salz und Pfeffer verrühren.

5. Nun 3 Stücke Backpapier bereitlegen und mit Mehl bestreuen. Den Teig noch mal gut durchkneten und in 3 gleich große Portionen teilen. Den Backofen auf 200 °C Umluft vorheizen. Den aufgegangenen Teig auf den bemehlten Backpapierabschnitten jeweils dünn ausrollen (ggf. Mehl hinzufügen, falls der Teig zu stark klebt).

6. Die Crème-fraîche-Mischung in drei gleich große Portionen teilen und jeweils auf den ausgerollten Teig streichen. Jeden Teigfladen mit einem Drittel der Pinienkernen und einem Drittel der Schinkenwürfel bestreuen.

7. Die Fladen im Ofen auf der untersten Schiene nacheinander je etwa 12 Minuten backen (falls vorgebacken wurde, etwas kürzer), die Oberfläche soll leicht gebräunt sein.

8. Während die Fladen backen, die Erdbeeren und Frühlingszwiebeln waschen, putzen und in dünne Scheiben schneiden, den Ziegenbrie in Scheiben schneiden. Den Rucola waschen und trocken schütteln.

9. Die fertigen Flammkuchen aus dem Ofen holen und mit den Erdbeerscheiben, Frühlingszwiebeln, Ziegenbrie und Rucola belegen. Halbieren, auf Teller verteilen und genießen.

INGAS TIPP: Die Fladen vor dem Belegen 3 bis 5 Minuten vorbacken, dann werden die Flammkuchen besonders knusprig.

Hohe Rippe aus dem Dutch Oven

mit Johannisbeer-Jus an Frühkartoffeln zu sommerlichem Beerensalat

Zutaten für 6 Personen

Für die Hohe Rippe
4–6 Zwiebeln
2 Knoblauchzehen
3 EL Öl
300 ml Curryketchup
700 ml Apfelsaft
100 g Tomatenmark
Salz · Pfeffer aus der Mühle
3–4 TL Grillgewürz mit Paprika
6 Tomaten
3 kg Hohe Rippe

Außerdem
30 g Rote Johannisbeeren
30 g Schwarze Johannisbeeren
Sud vom Garen der Hohen Rippe

1. Am Vortag für die Hohe Rippe 2 bis 3 Zwiebeln und den Knoblauch schälen und klein schneiden. Das Öl in einem großen Topf erhitzen und beides darin anbraten.

2. Curryketchup, Apfelsaft, Tomatenmark, Salz, Pfeffer und das Grillgewürz dazugeben und alles etwa 15 Minuten offen köcheln lassen, sodass die Flüssigkeit einreduziert. Die Sauce abkühlen lassen.

3. 2 bis 3 Zwiebel schälen und vierteln. 2 bis 3 große Tomaten waschen, vierteln und den Stielansatz entfernen. Die Hohe Rippe in einen Dutch Oven (oder einen Bräter mit Deckel) legen und mit der Sauce bedecken. Die Zwiebelviertel und die Tomaten dazulegen. Den Deckel auflegen und das Fleisch über Nacht im Kühlschrank ziehen lassen.

4. Am nächsten Tag den Dutch Oven mit Deckel auf den vorgeheizten Grill stellen. Die Hohe Rippe etwa 3 Stunden garen, die genaue Garzeit hängt von der Größe des Stückes ab. Am besten mit Kerntemperatur-Fühler arbeiten: Die Kerntemperatur sollte 60 °C betragen. Alternativ kann die hohe Rippe auch in einem Bräter mit Deckel im Backofen bei 140 bis 150 °C Umluft zubereitet werden.

5. Nun den Grill bzw. Backofen ausstellen, die Ofentür öffnen. Den Dutch Oven bzw. den Bräter noch auf dem Grill bzw. im Ofen stehen lassen. Theoretisch könnte man das Fleisch nun schon essen. Damit es aber noch zarter wird, abkühlen lassen und später kurz vor dem Essen noch einmal bei 200 bis 220 °C (Grill oder Backofen Umluft) 30 bis 45 Minuten erhitzen.

6. Zum Fertigstellen der Sauce die Roten und die Schwarzen Johannisbeeren waschen, verlesen und gut abtropfen lassen. Dann durch ein Sieb pressen, um die Kerne zu entfernen. Übrig bleibt Saft.

7. Den Sud vom Garen des Fleisches sowie die Zwiebeln und Tomaten mit einer Kelle aus dem Dutch Oven in einen kleinen Topf umfüllen, den Johannisbeersaft hinzufügen, alles mit dem Stabmixer fein pürieren und vor dem Servieren noch einmal kurz aufkochen lassen.

Für die Frühkartoffeln
3 kg Frühkartoffeln
1 Bund Frühlingszwiebeln
3 EL Öl zum Braten
8 Rosmarinzweige
grobes Meersalz

Für den Beerensalat
4 EL gemischte Nusskerne (z. B. Mandeln, Haselnüsse, Cashewkerne)
400 g gemischter (Pflück-)Salat (z. B. Babyspinat, Lollo rosso, Frisée)
300 g gemischte Beeren (z. B. Heidelbeeren, Rote Johannisbeeren, Himbeeren)
3 EL flüssiger Honig + etwas zum Servieren
8 EL Olivenöl
6 EL Balsamico bianco
1 EL Ahornsirup
Meersalz aus der Mühle
Pfeffer aus der Mühle

Zum Servieren
6 Rosmarinzweige

Utensilien
Dutch Oven oder großer Bräter mit Deckel

8. Für die Frühkartoffeln die Kartoffeln gründlich waschen, aber nicht schälen. Je nach Größe etwa 15 Minuten in einem Topf mit Wasser gar kochen. Dann abgießen und kurz ausdampfen lassen.

9. Inzwischen die Frühlingszwiebeln waschen, putzen und in feine Ringe schneiden.

10. Das Öl in einer Pfanne erhitzen und Kartoffeln darin schwenken und leicht anbraten. Kurz bevor sie fertig sind, die Frühlingszwiebeln und den Rosmarin dazugeben und kurz mitbraten. Die Kartoffeln mit grobem Salz bestreuen.

11. Für den Beerensalat die Nüsse grob hacken und in einer beschichteten Pfanne ohne Fett rösten, bis sie fein duften. Vorsicht, die Nüsse verbrennen schnell! Den Salat waschen, trocken schleudern und in große Stücke zupfen. Die Beeren verlesen, vorsichtig waschen und abtropfen lassen.

12. Für das Dressing Honig, Olivenöl, Balsamico bianco und Ahornsirup gut verrühren. Mit Meersalz und Pfeffer nach Geschmack würzen. Den Salat mit dem Dressing vermischen.

13. Auf jedem Teller eine Portion Salat anrichten. Die Beeren darübergeben. Mit dem Honig beträufeln und mit den Nüssen bestreuen. Ein Stück von der Hohen Rippe danebenlegen und mit Sauce beträufeln. Kartoffeln daneben anrichten und mit einem Rosmarinzweig garnieren.

Heidelbeer-Swirl-Cheesecake

mit Himbeer-Aronia-Sorbet und Bruchschokolade

Zutaten für 6 Personen

Für das Heidelbeermuster
125 g Heidelbeeren
25 g Puderzucker
5 g Speisestärke
1 TL Zitronensaft

Für den Boden
125 g Dinkel-Vollkorn-Butterkekse
1 EL Zucker
75 g Butter

Für die Füllung
300 g zimmerwarmer Frischkäse
120 g zimmerwarmer Joghurt (Fettgehalt 10 %)
150 g zimmerwarmer Mascarpone
2 Eier (M)
1 EL weiche Butter
2 Päckchen Vanillezucker
Salz

1. Für das Heidelbeermuster die Heidelbeeren waschen, mit dem Stabmixer pürieren und in einem Topf bei mittlerer Hitze erwärmen. Puderzucker, Speisestärke und Zitronensaft mit einem Schneebesen einrühren. Einmal kurz aufkochen lassen und anschließend zimmerwarm abkühlen lassen. Wer es lieber ohne Kerne mag, streicht das noch warme Püree durch ein feines Sieb.

2. Inzwischen für den Cheesecake-Boden den Backofen auf 150 °C Umkuft vorheizen. Die Kekse mit einem Mörser oder in einem Gefrierbeutel mithilfe eines Rollholzes fein zerkleinern und in einer Schüssel mit dem Zucker verrühren. Die Butter in einem kleinen Topf schmelzen und mit der Keks-Zucker-Mischung vermengen.

3. Die Masse fest und gleichmäßig auf den Boden der Springform drücken. Im Ofen auf der mittleren Schiene 15 Minuten backen.

4. Währenddessen für die Füllung Frischkäse, Joghurt und Mascarpone vermischen. Dann Eier, Butter, Vanillezucker und 1 Prise Salz unterrühren, dabei nicht zu lange rühren.

5. Die Frischkäsemasse auf den noch heißen vorgebackenen Teigboden geben. Anschließend das abgekühlte Heidelbeerpüree mit großen Klecksen auf der Frischkäseschicht verteilen und mit einer Gabel oder einem Holzspieß leicht unter die Oberfläche rühren – wie beim Marmorkuchen.

6. Den Cheesecake bei 150 °C Umluft auf der mittleren Schiene weitere 30 Minuten backen. Herausnehmen und zimmerwarm abkühlen lassen. Anschließend in der Form mindestens 4 Stunden im Kühlschrank gut durchkühlen und fest werden lassen. Dann erst den Rand von der Form lösen.

Für das Himbeer-Aronia-Sorbet
1 Bio-Zitrone
1 Handvoll Minzeblätter
60 ml Aroniasaft
100 g Zucker
700 g Himbeeren

Für die Bruchschokolade
60 g Kakaobutter
1 TL Nussmus
40 g Kakaopulver
2 EL Ahornsirup
25 g getrocknete Himbeeren

Utensilien
Springform (26 cm Ø)
ggf. Eismaschine
Backpapier

7. Für das Himbeer-Aronia-Sorbet die Zitrone heiß waschen und abtrocknen. Mit einem Sparschäler die Schale sehr dünn abschneiden, sodass keine weiße Haut mit abgeschnitten wird. Etwas Saft auspressen. Die Minzeblätter waschen und trocken schütteln.

8. Aroniasaft, 100 ml Wasser, Zitronenschale, Minzeblätter, etwas Zitronensaft und den Zucker in einem kleinen Topf aufkochen und 5 Minuten zu einem Sirup einkochen lassen. Zitronenschale und Minzeblätter herausnehmen und den Sirup abkühlen lassen.

9. Die Himbeeren verlesen, vorsichtig waschen und mit dem Zuckersirup pürieren. Das Püree durch ein grobes Sieb pressen, um die Kerne zu entfernen. Die Masse in die Eismaschine füllen und etwa 1 Stunde gefrieren lassen.

10. Für die Bruchschokolade die Kakaobutter grob zerteilen und in einer Schüssel über einem heißen Wasserbad bei schwacher Hitze schmelzen.

11. Das Nussmus zur Kakaobutter geben und schmelzen, dann das Kakaopulver unterrühren, bis eine homogene Masse entsteht. Zuletzt den Ahornsirup einrühren.

12. Die Schokoladenmasse auf ein Backpapier gießen und mit den getrockneten Himbeeren bestreuen. Die Schokolade 30 Minuten in den Kühlschrank stellen und fest werden lassen. Zum Schluss in Stücke brechen.

13. Zum Servieren jeweils ein Stück Cheesecake auf eine kleine Schiefertafel setzen. Ein Schälchen mit einer Kugel Sorbet danebenstellen und ein Stück Bruchschokolade in das Sorbet stecken.

INGAS TIPPS: Es geht auch ohne Eismaschine. Die Masse dazu in einen Gefrierbehälter füllen und ins Tiefkühlfach stellen, alle 5 bis 10 Minuten umrühren, bis ein feines Sorbet entstanden ist.
Wer keinen Aroniasaft mag, nimmt einfach mehr Wasser.

Rheinland

Die südliche Region in Nordrhein-Westfalen ist mit ihrem Wechsel ländlicher Gebiete, großer Städte mit noch größerer Historie, wie zum Beispiel Köln, und Industrielandschaften eine der vielfältigsten in Deutschland. Das Rheintal mit dem namensgebenden Strom ist das prägende Element, die besonders fruchtbaren Lössböden der Rheinebene sind für die vielseitige Landwirtschaft prädestiniert.

Wenn der Städter nicht zum Bauern kommt, geht dieser einfach in die Stadt – so das Motto von Jochen Groß. Vor den Toren Kölns baut er mit viel Neugierde und Leidenschaft Gemüse an und war 2023 Teil von „Land & lecker“. In 2024 geht Katharina Marseille als Quereinsteigerin auf der Jagd nach Pilzen für Leichlingen an den Start. Was vor 50 Jahren mit Champignons begonnen hat, ist zu einem umfassenden Repertoire edler Sorten herangewachsen.

Im Menü von Jochen Groß treffen sich ähnliche Neugierde und Experimentierfreude wie in seinem Leben. Darum gibt es an seinem „Land & lecker"-Tag nur die besten, natürlich selbst angebauten Zutaten vom eigenen Feld. Er verwöhnt seine Gäste überdies mit einem rein vegetarischen Menü, das im Hauptgang mit konfierter Tomate, geräucherter Zwiebel und gedörrter, in Kirschsaft gegarter Roter Bete – wie er selbst – alles andere als gewöhnlich ist.

Jochen Groß

In der Kölner Bucht bringt ein Landwirt aus tiefer Überzeugung Stadt, Land und Gemüse unter seinen Hut.

Wo eine Vision, da ein Weg Die Geschichte von Jochen Groß ist ungewöhnlich, weil er keiner Bauernfamilie entstammt, sondern Landwirt in erster Generation ist. Zudem hat er zuvor beruflich schon einiges ausprobiert, weit entfernt von Ackerbau und Viehzucht. Aus purem Interesse, wie Nahrungsmittel verantwortungsbewusst entstehen, verschlug es ihn in die Agrarwirtschaft, und es entstand die Vision von einer Bio-Gärtnerei mit eigenem Laden.
Was folgte, war von 2014 bis 2018 im Alter von 32 Jahren eine Ausbildung zum biodynamischen Gemüsegärtner samt der Umsetzung seiner Vision in „StadtLandGemüse“: Vor den Toren von Köln, präziser in Pulheim-Stommeln, lebt Jochen mit seiner Frau Diana sowie den beiden Kindern Fritz und Lilli. Hier hat er rund 2 Hektar Land gepachtet, auf dessen fruchtbaren Böden er Gemüse und Kartoffeln anbaut. Hinzu kommen etwa 25 Hektar Ackerland und 2,5 Hektar Grünland mit Streuobstwiesen. Insgesamt kultiviert Jochen hier im Jahresverlauf stolze 65 Gemüsekulturen mit etwa 90 Sorten. Ist die Ernte der Streuobstwiesen gut, lässt er die Äpfel zu Saft pressen. Hier weidet auch eine Herde aus acht Leine-Schafen mit ihren Lämmern. Hin und wieder wird eines geschlachtet und vollständig verwertet.

„Rein in die Stadt statt raus aufs Land – Gemüse sollte möglichst dort erzeugt werden, wo die Menschen wohnen, die es essen.“

Mit der Fruchtfolge gegen den Klimawandel „Ich mache nicht Landwirtschaft, weil ich das andere satt war, sondern weil ich das Gefühl hatte, dass da noch mehr ist, was ich tun kann. Und da ich ein angeborenes Interesse habe, viele Dinge auszuprobieren, war es eigentlich ein Mehr-wissen-Wollen“, erklärt der heute 42-Jährige sein Tun.
Auf zwei für die Landwirtschaft ausschlaggebende Faktoren müssen er und sein Mitarbeiter Simon reagieren: Auf einen davon hat man zunächst mit guter Planung und Bodenarbeit einen ganz guten Einfluss. Zum Beispiel wird mit einer sinnvollen Fruchtfolge gearbeitet, das heißt, im Jahresverlauf werden nacheinander verschiedene Gemüsesorten angebaut, die wiederum unterschiedliche Nährstoffbedarfe und -ausscheidungen haben. Durch den Wechsel der Kulturen wird der Boden weniger stark ausgelaugt. Pflanzen mit tieferen Wurzeln bringen Nährstoffe aus tieferen Bodenschichten nach oben, während flach wurzelnde Pflanzen die Schichten weiter oben nutzen. Unkraut kann reduziert werden, sein Wachstum wird durch Fruchtfolgen und Anbaupausen ähnlich unterbrochen wie der Lebenszyklus von Schädlingen und Krankheiten.
In einem Jahr können beispielsweise auf Kleegras Kürbisgewächse, Kohl, Hackfrüchte wie zum Beispiel Möhren und Zwiebelgewächse sowie Bohnen folgen. Langfristig kann diese Abwechslung dabei helfen, nicht nur die Bodenbeschaffenheit zu verbessern, sondern auch die Erträge zu stabilisieren und zu erhöhen. Insbesondere tief wurzelnde Pflanzenarten können dabei unterstützen, Kohlenstoff im Boden zu binden, was – im großen Rahmen angewendet – die Chance hat, zu einer Minderung des Klimawandels beizutragen.
Denn Klimawandel und Wetterkapriolen bilden die eigentliche und größere Schwierigkeit für Landwirte als der Umgang mit tagtäglichen Einflüssen. Für Jo-

chen ist dies „eine Herausforderung, die man nicht haben müsste, weil es im Gemüseanbau genügend andere gibt“.

Rein in die Stadt statt raus aufs Land Neben dem biodynamischen Anbau ist Jochen die Selbstvermarktung seiner Produkte sehr wichtig. Denn diese bietet, ähnlich den Solawis (siehe Seite 153), Landwirten einige große Vorteile, sowohl wirtschaftlich als auch sozial und ökologisch. Die ökonomischen Vorteile sind höhere Margen sowie eine relative Unabhängigkeit von sonstigen Marktpreisen bei direktem Geldeingang. Daneben fördert der direkte Kundenkontakt Vertrauen und Loyalität sowie die Wertschätzung der regional angebotenen Produkte. Aber auch die Kosten für Verpackung und Transport werden reduziert, zumal der Vertrieb häufig über die angeschlossenen Hofläden geschieht.

> „Ich mache Landwirtschaft, weil ich etwas bewegen, weil ich unser Verantwortungsbewusstsein für Lebensmittel stärken möchte.“

Jochens Laden allerdings liegt nicht, wie man vermuten würde, in der Nähe der Felder, sondern etwa 20 Kilometer von Hof und Acker entfernt mitten im Kölner Szenestadtteil Ehrenfeld. Mehrmals in der Woche bringt er das erntefrische Gemüse mit den anderen Produkten dorthin. In den Wintermonaten gibt es Lagergemüse wie Möhren, Kohl, Kürbis, Kartoffeln, Sellerie oder Zwiebeln und frisch vom Feld zum Beispiel Lauch, Feld- und Pflücksalat, Postelein und Grünkohl. So werden die Städter zu Hofladenkäufern, ohne aufs Land fahren zu müssen. Mit einem Abo-System versucht Jochen, noch mehr Bindung an seine Kundinnen und Kunden aufzubauen und zudem Planungssicherheit herzustellen.

Bio-Kisten für Köln und das Umland Für all jene Kundinnen und Kunden, die sich regelmäßig mit frischem Bio-Gemüse und -Obst versorgen und sich dabei von den Schätzen überraschen lassen möchten, die die Saison bereithält, bietet Jochen im Stadtgebiet von Pulheim ein wöchentliches Abo für große und kleine gemischte Gemüse- und Obstkisten an, mit Lieferung. Aber auch die Kölnerinnen und Kölner können das Angebot selbstverständlich wahrnehmen und sich die Kisten im Hofladen in Köln abholen.

Mit der Aktie zur Enkeltauglichkeit Seit 2019 ist Jochen Partner einer Bürgeraktiengesellschaft, die kleinbäuerliche Strukturen fördert, um zu deren Erhalt beizutragen und in eine enkeltaugliche Zukunft zu investieren. Der Klima- und Artenschutz, der Aufbau der Bodenfruchtbarkeit, das Tierwohl, Landwirtschaft ohne Gentechnik und die Stärkung guter Arbeitsplätze in der Region sind hierbei die Hauptziele.

Blick in die Zukunft Ob Jochens Enkel „StadtLand-Gemüse“ noch kennenlernen, steht in den Sternen, denn die Zeiten sind für Landwirtinnen und Landwirte auch abseits der Wetterkapriolen herausfordernd. Das Weltgeschehen macht die Kundschaft zurückhaltend, man spart gerade am Essen. Dabei ist es so wichtig, all die engagierten Menschen in ihrem Tun zu unterstützen, zumal man sich mit frischen, regional und biologisch produzierten Lebensmitteln selbst etwas Gutes tut.

Gemüsesandwiches

im hausgemachten Brötchen

Zutaten für 6 Personen

Für die Brötchen
2 TL Trockenhefe
1 EL Zucker
1 EL Salz
60 ml Olivenöl
450 g Mehl Type 405

Für den Belag
1 Aubergine
1 Zucchini
1 Tomate (z. B. St. Pierre)
1 Zwiebel
Öl zum Braten
Salz · Pfeffer aus der Mühle

Außerdem
150 g Joghurt
Salz · Pfeffer aus der Mühle

Utensilien
Backblech
Backpapier

1. Für die Brötchen 240 ml 53 °C warmes Wasser, Hefe, Zucker, Salz und das Olivenöl in einer Schüssel mit dem Handrührgerät oder in der Küchenmaschine 8 bis 10 Minuten mixen. 200 g Mehl hinzufügen und mit einem Knethaken bei niedriger Geschwindigkeit etwa 2 Minuten kneten. Die übrigen 250 g Mehl portionsweise dazugeben und weiterkneten, bis ein weicher Teig entsteht. Den Teig auf einer bemehlten Oberfläche mit der Hand kneten. Dann zugedeckt an einem warmen Ort 45 Minuten gehen lassen.

2. Den Teig in 6 Portionen teilen und diese zu Kugeln formen. Die Kugeln auf ein mit Backpapier ausgelegtes Blech geben, mit gefetteter Frischhaltefolie abdecken und noch mal 45 Minuten gehen lassen.

3. Den Backofen auf 175 °C Umluft vorheizen. Die Brötchen auf der mittleren Schiene etwa 25 Minuten backen. Für eine schöne Kruste während des Backvorgangs die Brötchen zweimal mit Wassernebel besprühen.

4. Für den Belag inzwischen Aubergine, Zucchini, Tomate und Zwiebel waschen und putzen bzw. schälen und in dünne Scheiben schneiden. Aubergine und Zucchini in einer Pfanne mit wenig Öl bei mittlerer bis starker Hitze 4 bis 5 Minuten braten. Leicht mit Salz und Pfeffer würzen.

5. Zum Servieren die Brötchen aufschneiden, mit Joghurt bestreichen, mit Salz und Pfeffer würzen. Das gebratene Gemüse, die Tomatenscheiben und die rohen Zwiebelringe darauf schichten. Die obere Brötchenhälfte auflegen und die Gemüsesandwiches servieren.

Gedörrte Rote Bete

konfierte Tomate, geräucherte Zwiebel

Zutaten für 6 Personen

Für das Gemüse
6 Rote Beten
Salz
1 l Kirschsaft
6 Tomaten (St. Pierre)
1,5 l Öl
6 Zwiebeln
500 g frisches Bio-Heu
100 g Butter
100 g Frischkäse

Für den Salat
2–3 Handvoll Salat (roter und grüner Pflücksalat, Rote-Bete-Blätter, Mangold)
3 EL Weißweinessig
50 ml Rapsöl
1 TL mittelscharfer Senf
1–2 TL Honig
Salz

Utensilien
Ofengitter
optional Dörrautomat
ofenfeste Form
Holzkohle-Kugelgrill

1. Für das Gemüse am Vortag die Roten Beten in leicht gesalzenem Wasser mit geschlossenem Deckel 1 Stunde kochen. Abgießen und unter fließendem kaltem Wasser die Schale der Roten Beten abreiben. Die Knollen dann im auf 50 °C Umluft eingestellten Backofen auf der mittleren Schiene auf dem Ofengitter etwa 16 Stunden (wahlweise im Dörrautomaten) dörren. Am Ende der Dörrzeit haben die Knollen noch etwa ein Viertel ihrer ursprünglichen Größe und wirken schwer und fleischig, wenn man sie in der Hand hält.

2. Die gedörrten Roten Beten mit dem Kirschsaft in einen Topf geben und 2 Stunden köcheln lassen, bis der Saft eindickt. Den Saft mit Salz abschmecken.

3. Den Backofen auf 200 °C Umluft vorheizen. Die Tomaten waschen und an der Unterseite kreuzweise einschneiden. In eine ofenfeste Form geben,, die deutlich höher ist als die Tomaten. Mit dem Öl bedecken und leicht salzen. Die Tomaten im Ofen auf der mittleren Schiene 50 Minuten konfieren. Die Form aus dem Ofen nehmen, die Tomaten aus dem Öl heben und häuten.

4. Den Holzkohlegrill ohne Rost auf direkte Hitze anheizen und auf etwa 120 °C bringen. Die Zwiebeln schälen und auf dem herausgenommenen Rost verteilen. Ist die Kohle gut durchgeglüht, muss es schnell gehen: Die glühenden Kohlen mit dem Heu toppen, den Rost einsetzen und den Deckel auflegen. Darauf achten, dass die Lüftungsschlitze geschlossen sind, damit kein Zug im Inneren des Grills entsteht und das Heu nur glimmt. Die Zwiebeln einige Minuten räuchern.

5. Die geräucherten Zwiebeln vom Rost nehmen und mit der Butter in einer Pfanne auf dem Herd bei schwacher Hitze 40 Minuten garen, dabei immer wieder mit der Butter übergießen. Die Zwiebeln herausnehmen, vorsichtig einschneiden und das „Herz“ entfernen. Die Zwiebelhülle mit dem Frischkäse füllen.

6. Je eine Rote Bete, eine Tomate und eine Zwiebel auf jedem Teller anrichten. Die Rote Bete mit dem Kirschsaft, die Tomate mit dem Öl und die Zwiebel mit der Butter beträufeln.

7. Den Salat verlesen, zupfen, waschen und trocken schütteln. Auf Schälchen verteilen. Essig, Öl, Senf, Honig und Salz zu einem Dressing vermengen und auf dem Salat verteilen. Alles zusammen anrichten.

Johannisbeer-Parfait

mit Baiser
auf einem Fruchtspiegel

Zutaten für 6 Personen

Für das Parfait
800 g Rote Johannisbeeren
350 g Sahne
3 Eigelb (M)
250 g Zucker

Für das Baiser
3 Eiweiß (M)
200 g Zucker

Außerdem
einige Rote Johannisbeeren zum Garnieren

Utensilien
kleine Kastenform (ca. 2 l)
Backblech
Backpapier

1. Für das Parfait am Vortag die Johannisbeeren verlesen, kurz abwaschen und mit dem Stabmixer fein pürieren. Im Anschluss durch ein Sieb streichen und etwa 100 g für den Fruchtspiegel abnehmen. Die Sahne steif schlagen. Eigelb und Zucker in einer Schüssel über einem heißen Wasserbad schaumig schlagen. Die Schüssel vom Wasserbad nehmen und die Mischung weiterschlagen, bis sie abgekühlt ist.

2. Die pürierten Johannisbeeren zur Eigelbmischung gießen und unterheben. Die geschlagene Sahne behutsam unterziehen und die Mischung in die Kastenform gießen. Die Form über Nacht in das Tiefkühlfach stellen.

3. Für das Baiser den Backofen auf 70 °C Umluft vorheizen. Eiweiß mit dem Zucker steif und cremig aufschlagen, bis die Masse beim Herausziehen des Quirls Spitzen zieht. Die Masse dünn auf ein mit Backpapier ausgelegtes Blech streichen und im Ofen auf der mittleren Schiene 30 Minuten backen. Das Blech herausnehmen und das Baiser auskühlen lassen. Anschließend in Stücke brechen und durch ein feines Sieb reiben.

4. Das Parfait vor dem Anrichten leicht antauen lassen. 1 EL beiseitegelegtes Johannisbeerpüree auf jeden Teller geben und leicht verstreichen. Das Parfait in fingerdicke Scheiben schneiden, auf dem Fruchtspiegel anrichten und mit dem Baiserpuder bestreuen. Guten Appetit.

In ihrer Freizeit geht Katharina Marseille am liebsten auf die Jagd. Ansonsten liebt sie es, mit regionalen, selbst erzeugten, frischen Lebensmitteln im Gleichklang mit den Jahreszeiten zu kochen. Dass sie rund ums Jahr aus der eigenen Pilzproduktion schöpfen kann, ist beneidenswert. Kein Wunder also, dass sie als „Land & lecker"-Gastgeberin den anderen Landfrauen und -männern Fleisch vom selbst erlegten Reh und feine Pilze aus der eigenen Zucht serviert.

Katharina Marseille

Im Rheinisch-Bergischen Kreis ist ein Paar in dritter Generation auf der Jagd nach den besten Speisepilzen.

Ihr Herz schlägt für Pilze Bereits 50 Jahre lang züchtet Familie Marseille im rheinischen Leichlingen-Bergerhof zwischen Köln und Düsseldorf Kulturspeisepilze. Der zugehörige Hof, in dem Katharina Marseille mit ihrem Mann Tim, den Kindern Charlotte und Antonia sowie den Schwiegereltern Peter und Monika lebt, ist seit 1717 in Familienbesitz. Katharina ist eigentlich gelernte Rechtsanwaltsfachangestellte, fühlt sich aber in der Landwirtsfamilie richtig wohl und liebt die Pilze inzwischen genauso sehr wie alle anderen Marseilles. Sie und Tim sind die dritte Generation, die sich der Pilzzucht verschrieben hat.

> „Pilze sind für uns nicht nur ein Job, sie sind unsere Leidenschaft."

Auf den Pilz gekommen Das ist die Familie Ende der 1960er-Jahre, indem sie aus der Not eine Tugend gemacht hat. Zuvor war der Hof von 1000 Hochstämmen umgeben gewesen und Tims Großvater hatte zur Lagerung der Früchte einen großen Keller gebaut. Im Zuge der Leichlinger Flurbereinigung schrumpfte der Bestand auf gerade einmal 100 Stück, der Keller verlor seinen Zweck und Familie Marseille die Existenzgrundlage. So entstand die Idee, im leeren Keller eine Pilzzucht anzulegen. Nach mehreren Experimenten wurde „am 1. August 1968 tatsächlich der erste und damals einzige Pilz geerntet", erinnert sich Peter. Heute gedeihen im Betrieb zwischen 10 und 15 verschiedene Pilzsorten, vom Champignon bis zum Edelpilz. Tim hat den Betrieb Anfang 2023 vom Vater übernommen, auch wenn dieser noch täglich vor Ort ist. Pilze waren nicht nur sein Job, sondern sind immer noch seine Leidenschaft. Mit Peter haben Katharina und Tim einen wahren Pilzexperten an ihrer Seite. Der 72-Jährige ist nämlich seit gut 15 Jahren Deutschlands Pilzbotschafter. Sein Bestreben ist, den Menschen die große Welt der Kulturpilze näherzubringen. Dies tut er mit viel Charme, Expertenwissen und einer großen Portion Witz. Mehr Know-how in der Familie braucht es nicht, und wenn es auch noch charmant vermittelt wird, umso besser. Kein Wunder, dass Katharina ihr Herz an Familie Marseille und die Pilze verloren hat.

Vom Austernseitling bis zur Samthaube Die „Leichlinger Champignonzucht" ist eine der kleinsten Champignonzuchten Deutschlands. Aber nicht nur Champignons werden auf dem Hof gezüchtet, es gibt eine ganze Reihe bekannter und weniger bekannter Sorten im ständigen Sortiment, die es sich zu testen lohnt: Austernseitling, Kräuterseitling, Limonenseitling, Shiitake, Rosenseitling, Kastanienseitling, Pom-Pom Blanc, Pom-Pom Frise und die Samthaube. Der Verkauf findet die ganze Woche ab Hof direkt an Endverbraucher statt. Wer außerhalb der Öffnungszeiten vorbeikommt, kann die hofeigenen Produkte rund um die Uhr im Selbstbedienungsladen erwerben. Abgesehen davon steht die Familie auf Wochenmärkten und Festen in der Umgebung. Darüber hinaus beliefern sie viele gastronomische Betriebe und Supermärkte in der Region.

Pilze als Gesundheitsbooster Das Potenzial von Pilzen ist wirklich faszinierend und viel zu wenig bekannt. Sie sind wahre Überlebenskünstler und können sich an verschiedenste, teils lebensfeindliche Umgebungen anpassen. Sie enthalten jede Menge Proteine mit essenziellen Aminosäuren sowie Ballaststoffe. Für die Gesundheit sind ihre Mineralstoffen wie Kupfer, Kalium, Selen und viel Wasser wahre Booster für den Körper. Der hohe Wasser- und niedrige Fettgehalt machen Pilze besonders kalorienarm. Dafür sind sie reich an Vitamin B_2 sowie Folsäure, die am Energiestoffwechsel beteiligt ist und zur normalen Funktion

des Nervensystems beiträgt. Der Pom-Pom Frise beispielsweise besitzt die größte Menge an Vitamin A und H, die ein Lebensmittel überhaupt aufweisen kann, und soll gegen Müdigkeit helfen. Der Austernseitling stärkt das Immunsystem und ist gut bei Magen- und Darmerkrankungen. Andere Pilzsorten, sogenannte Vitalpilze, werden präventiv und therapeutisch für die Gesundheit eingesetzt. Ob Speise- oder Vitalpilz, ihr allgemein schnelles Wachstum ist ein Wunder der Natur, und sogar der können sie helfen, denn Pilze haben die bemerkenswerte Fähigkeit, den Boden und die Luft zu regenerieren. Forscherinnen und Forscher haben bereits in den 1990er-Jahren herausgefunden, dass Pilze in der Lage sind, organische „Problemstoffe" wie Teer, Schweröle, Pestizide und sogar hochgiftiges Dioxin zu zerlegen.

Die Pilzbegeisterung weitertragen All diese Geheimnisse kennt Peter als Pilzbotschafter schon lange.

„Der große Vorteil von Pilzen ist, neben ihrem Geschmack natürlich, ihre Nachhaltigkeit."

Für sein unermüdliches ehrenamtliches Engagement rund um Pilze und ihre Kultur hat der 72-Jährige bereits viele Medaillen erhalten. „Mir macht es Spaß, anderen Menschen etwas beizubringen. Ich habe Freude daran, über die vielen verschiedenen Pilze und ihre Kultur zu erzählen", erklärt er, und man glaubt ihm jedes Wort. Wichtigster Motivator für seine Arbeit ist das fehlende Wissen über Pilze bei den Kunden. Darüber hinaus liegt sein Fokus auf gesundheitlichen Aspekten und der Zubereitung von Pilzen – gerade auch im Hinblick auf eine vegetarische und vegane Ernährung.

Pilze – das vegane Fleisch von morgen? Neben den oben erwähnten gesundheitlichen Aspekten sind Pilze auch aus anderem Grund aktuell im wahrsten Sinne des Wortes in vieler Munde. Denn für Vegetarier und Veganer sind sie dank ihrer vielen Proteine der optimale Fleischersatz und gefragter denn je. Sie bieten eine beeindruckende Vielfalt an Texturen und Geschmacksrichtungen, die denen von Fleisch erstaunlich ähnlich sind. Ihre faserige Struktur macht sie zur idealen Basis pflanzlicher Fleischalternativen. Hinzu kommt ihr Umami-Geschmack.

Mut zur Nachhaltigkeit Der große Vorteil von Pilzen ist ihre Nachhaltigkeit. Zum raschen Wuchs benötigen sie wenig Platz. Sie sind umweltfreundlicher als die konventionelle Fleischproduktion. Ihr Nährstoffreichtum mit Vitaminen, Mineralstoffen, Antioxidantien und Ballaststoffen kommt dazu und macht die Pilze zu einer guten Fleischalternative. Eine Herausforderung ist für die Züchter von Kulturspeisepilzen die Nachhaltigkeit, denn diese hat ihren Preis. Grundsätzlich und wie gerade beschrieben ist die Pilzzucht sehr nachhaltig, und Deutschland tut durch Regelungen und Gesetze viel dafür, dass sie nachhaltig bleibt. So dürfen nur ausgewählte Zuschlagstoffe, wie Kalk, Gips oder Zellulose, verwendet werden. Im Ausland ist der Blick auf die Zusätze nicht so streng, zudem sind die Lohnkosten niedriger. Dies führt dazu, dass außerhalb Deutschlands viel günstiger produziert werden kann, was hierzulande die Preise drückt. Familie Marseille ist generell gegen die Düngung mit Chemie.

Ein Blick in die Zukunft Dass Pilze als Alternative zum Fleisch einen festen Platz in der fleischlosen Küche erobert haben und dass die Tendenz für den Pilzverbrauch definitiv steigend ist, darin sind sich aktuelle Studien recht einig. Daher können Katharina und Tim mit ihrer Familie optimistisch in eine nachhaltige Zukunft gehen. Für noch mehr Aufklärung sorgt hoffentlich noch sehr lange Schwiegervater und Vater Peter.

Pilzvariationen

Pilztörtchen, mediterrane Limonenseitlinge und Pilzbruschetta

Zutaten für 6 Personen

Für 2 Tomatenbaguettes
150 g getrocknete Tomaten in Öl (Abtropfgewicht)
½ Würfel frische Hefe
740 g Mehl Type 550
2 TL Salz
2 TL getrocknetes Basilikum
2 TL getrockneter Oregano

Für 12 Pilztörtchen
20 g getrocknete Kräuterseitlinge oder Steinpilze
1 EL Butter + etwas für die Form
2 Rollen Blätterteig aus dem Kühlregal
400 g gemischte frische Pilze (Champignons, Austernseitlinge, Shiitake)
1 Knoblauchzehe
1 TL getrocknete Kräuter der Provence
Salz · Pfeffer aus der Mühle
200 g Crème fraîche
4 Eier (M)
frisch geriebene Muskatnuss
100 g geriebener herzhafter Käse, (z. B. Bergkäse)

1. Für die Tomaten-Baguettes am Vortag die getrockneten Tomaten fein hacken. 500 ml lauwarmes Wasser mit der zerbröckelten Hefe verrühren, bis sich die Hefe aufgelöst hat. Dann Mehl, Salz, Basilikum und Oregano hinzugeben und so lange mit der Küchenmaschine kneten, bis ein glatter Teig entstanden ist. Zum Schluss die zerkleinerten Tomaten dazugeben und kurz unterkneten. Den weichen Teig in eine Schüssel mit Deckel geben und über Nacht in den Kühlschrank stellen.

2. Am Backtag den Hefeteig aus dem Kühlschrank nehmen und bei Raumtemperatur 30 Minuten gehen lassen, er sollte sein Volumen deutlich vergrößern. Inzwischen das Backblech mit Backpapier belegen.

3. Den aufgegangenen Teig auf eine bemehlte Arbeitsfläche geben, nicht kneten, damit die Luft nicht herausgedrückt wird, sondern nur vorsichtig mit den Händen länglich formen. Den Teig anschließend mit einem Messer oder einer Teigkarte in 2 Stränge teilen. Diese Stränge in sich verdrehen, auf das vorbereitete Backblech legen und weitere 30 Minuten gehen lassen. Den Backofen rechtzeitig auf 220 °C Ober-/Unterhitze vorheizen. Die Baguettes auf der mittleren Schiene 40 bis 50 Minuten backen.

4. Für die Pilztörtchen die getrockneten Pilze in einer Schüssel mit kochendem Wasser übergießen. Abgedeckt 15 Minuten weich werden lassen. Das Wasser abgießen und die Pilze fein hacken. Inzwischen das Muffinblech mit etwas Butter einfetten und den Backofen auf 200 °C Ober-/Unterhitze vorheizen.

5. Aus dem Blätterteig 12 Kreise oder Blumen (10 cm Ø) ausstechen und in die Muffinmulden legen. Die frischen Pilze putzen und grob würfeln. Den Knoblauch schälen und fein hacken.

6. Die Butter in einer großen beschichteten Pfanne schmelzen. Die frischen und die eingeweichten Pilze kräftig darin anbraten. Den Knoblauch und die Kräuter der Provence dazugeben. Weitere 4 bis 5 Minuten braten, bis die entstandene Flüssigkeit fast vollständig verkocht ist. Mit Salz und Pfeffer würzen.

7. Die Crème fraîche mit den Eiern in einer Schüssel verrühren. Mit Muskatnuss, Salz und Pfeffer würzen. Im Anschluss den geriebenen Käse unterrühren. Die Pilze zur Crème-fraîche-Mischung geben und vermengen. Die Masse in die vorbereiteten Muffinmulden geben und die Törtchen auf der mittleren Schiene 15 bis 20 Minuten backen, bis die Masse gestockt ist.

Für die Limonenseitlinge
400 g Limonenseitlinge (alternativ Austernseitlinge)
1–2 Zwiebeln
etwas Olivenöl
etwas getrockneter Thymian
Salz · Pfeffer aus der Mühle
etwas Zitronenessig

Für 6 Pilzbruschette
6 Scheiben Tomaten-Baguette (selbst gebacken)
2 EL Olivenöl
1 Knoblauchzehe
200 g Champignons
½ TL frischer Thymian, gezupft + einige Zweige zum Servieren
1 TL fein geschnittene Petersilie
Salz · Pfeffer aus der Mühle
½ TL abgeriebene Bio-Zitronenschale
3 EL Ziegenfrischkäse

Utensilien
Backblech · Backpapier
Muffinblech mit 12 Mulden
runder Ausstecher (10 cm Ø)

8. Für die mediterranen Limonenseitlinge die Pilze säubern und große Exemplare in mundgerechte Stücke schneiden, ich halbiere sie gerne bzw. schneide sie längs durch. Die Zwiebeln schälen, fein würfeln und zusammen mit den Limonenseitlingen in Olivenöl anbraten, bis sie etwas zusammenfallen. Die Pilze mit Thymian, Salz, Pfeffer und Zitronenessig nach Geschmack würzen.Die mediterranen Limonenseitlinge sind ein Familienrezept, welches wir gerne für Freunde und Familie zubereiten.

9. Für die Bruschette den Backofen auf 180 °C Ober-/Unterhitze vorheizen. Die Baguettescheiben mit 1 EL Olivenöl beträufeln, auf einem Backblech mit Backpapier verteilen und auf der mittleren Schiene 10 Minuten rösten.

10. Den Knoblauch schälen und halbieren. Die Baguettescheiben aus dem Ofen holen und mit Knoblauch einreiben.

11. Die Champignons putzen und in Scheiben schneiden. Den Thymian und die Petersilie waschen und trocken schütteln, den Thymian zupfen, die Petersilie fein schneiden.

12. In einer Pfanne 1 EL Olivenöl erhitzen und die Champignonscheiben darin mit Thymian und Petersilie kurz anbraten. Mit Salz, Pfeffer und Zitronenschale würzen.

13. Die Baguettescheiben mit dem Ziegenfrischkäse bestreichen, die Pilze daraufgeben und die Bruschette mit den Thymianzweigen dekorieren.

14. Zum Servieren die Pilztörtchen und die Pilzbruschette zusammen mit den mediterranen Limonenseitlingen anrichten und das restliche Tomatenbaguette in Scheiben dazu reichen.

Lillet mit frischen Erdbeeren

Für 1 Glas 3 bis 4 Erdbeeren waschen, putzen und grob würfeln. In ein Glas geben, mit **20 ml Erdbeersirup** vermischen und mit einem Stößel etwas andrücken. Das Glas mit **Eiswürfeln** halb auffüllen. Mit **30 ml Lillet** aufgießen und mit **100 ml Schweppes Wild Berry** auffüllen. Zum Schluss mit **1 Stiel Zitronenmelisse** garnieren.

Rehrücken mit Kräuterkruste

dazu Kirschsauce, Serviettenknödel und Kräuterseitlinge

Zutaten für 6 Personen

Für den Rehrücken
2 Rehrückenfilets (à 450 g)
50 ml Olivenöl
Wildgewürz
Salz · Pfeffer aus der Mühle
2 Thymianzweige
1 EL Semmelbrösel
25 g TK 8-Kräuter-Mischung
75 g weiche Butter + etwas mehr zum Braten

Für die Serviettenknödel
250 g altbackene Brötchen
120 g Zwiebeln
75 g Butter · 250 g Milch
3 Eier (M)
1 EL fein geschnittene Petersilie
Salz · Pfeffer aus der Mühle
frisch geriebene Muskatnuss
1 TL Salz
Pfeffer aus der Mühle

Für die Kirschsauce
3 Schalotten
1 großes Glas Sauerkirschen (350 g Abtropfgewicht)
20 g Butter
1 EL Rübensirup
100 ml trockener Rotwein
400 ml Wildfond (gerne selbstgemacht von den Karkassen)
1 Lorbeerblatt
3 Wacholderbeeren
1 Rippe Zartbitterschokolade
Salz · Pfeffer aus der Mühle
Zucker
½ TL Wildgewürz
2 TL Speisestärke

1. Für den Rehrücken die Rehrücken von der Silberhaut befreien. Die Filets mit dem Olivenöl und etwas Wildgewürz, Salz und Pfeffer einreiben und mit den Thymianzweigen in einen Gefrierbeutel geben. Bei Raumtemperatur 1 Stunde marinieren.

2. Die Semmelbrösel mit Butter, Salz, Pfeffer und den Kräutern vermischen. Die Masse in 2 Portionen aufteilen. Jeweils zwischen 2 Bögen Frischhaltefolie auf die Größe der Rehrücken ausrollen und 1 Stunde kühlen oder kurz anfrieren lassen.

3. Für die Serviettenknödel die Brötchen würfeln, in eine große Schüssel geben und beiseitestellen. Die Zwiebeln schälen und in feine Würfel schneiden.

4. Die Butter in einer Pfanne erhitzen und die Zwiebel darin anbraten. Die Milch dazugeben und etwas erwärmen. Die Zwiebelmilch, Eier, Petersilie, Muskatnuss sowie etwas Salz und Pfeffer nach Geschmack zu den Brötchen geben und alles locker durchmischen. Etwa 10 Minuten ziehen lassen, dann noch mal mischen. Die Knödelmasse darf weicher und feuchter sein als bei normalen Knödeln, da die Folie sie zusammenhält.

5. Die Knödelmasse in 2 Portionen teilen. Jede Portion auf einem großen Streifen Frischhaltefolie länglich verteilen, fest zusammenrollen und die Enden mit Küchengarn zubinden. Die Knödelwürste sollten ungefähr einen Durchmesser von 5 bis 7 cm haben.

6. Reichlich Wasser in einem großen Topf auf dem Herd zum Kochen bringen und die Serviettenknödel in einem Dämpfeinsatz über Dampf, im Dampfgarer oder direkt im leicht kochendem Wasser – je nach Dicke der Knödel – 30 bis 40 Minuten garen.

7. Während die Knödel garen, für die Kirschsauce die Schalotten schälen und in feine Würfel schneiden. Die Kirschen in ein Sieb abgießen, dabei den Kirschsaft auffangen.

8. In einem Topf die Butter schmelzen und die Schalotten darin anschwitzen, dann den Sirup dazugeben und karamellisieren. Die Schalotten mit dem Rotwein ablöschen und etwa 10 Minuten auf die Hälfte einreduzieren lassen.

Für die Kräuterseitlinge
300 g Kräuterseitlinge (gerne Mini-Kräuterseitlinge)
1 EL Rapsöl
Salz · Pfeffer aus der Mühle
Pilzgewürz

Utensilien
Frischhaltefolie
Küchengarn
große Auflaufform
ggf. Kernthermometer

9. Wildfond, aufgefangenen Kirschsaft, Lorbeerblatt und Wacholderbeeren (Lorbeerblatt und Wacholderbeeren in ein verschließbares Teesieb geben und darin mitgaren) dazugeben und weitere 20 Minuten köcheln lassen. Dann das Sieb mit den Gewürzen wieder entfernen.

10. Die Kirschen und die Schokolade zur Sauce geben, verrühren und alles bei schwacher Hitze weitere 10 Minuten köcheln lassen. Die Sauce mit Salz, Pfeffer, 1 Prise Zucker und Wildgewürz abschmecken. Die Speisestärke in kaltem Wasser anrühren und so viel davon dazugeben, bis die Sauce andickt.

11. Nebenbei für den Rehrücken rechtzeitig den Backofen auf 160 °C Ober-/Unterhitze vorheizen. Eine große Auflaufform (in der beide Rehrücken Platz haben) im Ofen mit erwärmen.

12. Das Fleisch aus der Marinade nehmen und in einer Pfanne im Marinieröl (ggf. etwas Butter hinzufügen) scharf von jeder Seite etwa 1 Minute anbraten. Anschließend in die Auflaufform legen, die Kräuterbutterplatten darauflegen und andrücken. Im Ofen auf der mittleren Schiene 10–15 Minuten rosa garen (Kerntemperatur 60 bis 65 °C).

13. Während der Rehrücken im Ofen ist, die Kräuterseitlinge putzen und von grobem Schmutz befreien. Bekommen Sie Mini-Kräuterseitlinge, können Sie diese ganz lassen. Größere Exemplare am besten längs in Scheiben schneiden. Das Öl in einer Pfanne erhitzen und die Pilze darin kurz scharf anbraten, danach bei mittlerer Hitze fertig garen. Mit Salz, Pfeffer und Pilzgewürz nach Geschmack würzen.

14. Zum Servieren die Serviettenknödel aus der Folie wickeln und in Scheiben schneiden. Den Rehrücken ebenfalls in Scheiben schneiden. 2 bis 3 Serviettenknödelscheiben und 3 Scheiben Rehrücken sowie die Pilze kreisförmig nebeneinander auf jedem Teller anrichten. Die Sauce seitlich in einem Halbkreis neben dem Fleisch verteilen.

Bergische Waffelkörbchen

mit Milchreiseis, Beerensauce und frischen Beeren

Zutaten für 6 Personen

Für das Milchreiseis
750 ml Milch
165 g Milchreis
40 g Zucker
1 TL Vanillezucker
200 g Sahne

Für die Waffeln
75 g Butter
60 g Zucker
1 TL Vanillezucker
Salz
2 Eier (M)
130 g Mehl Type 405
1 TL Backpulver
130 ml Milch

Zum Servieren
600 g gemischte saisonale Beeren (z. B. Himbeeren, Erdbeeren, Johannisbeeren und Heidelbeeren)
3 EL Puderzucker + etwas zum Servieren

Utensilien
Eismaschine
Waffelkörbcheneisen oder Waffeleisen

1. Für das Milchreiseis Milch, Milchreis, Zucker und Vanillezucker in einen Topf geben und aufkochen. Die Temperatur etwas reduzieren und den Reis etwa 40 Minuten weich kochen.

2. Den gegarten Milchreis in eine Schüssel umfüllen. Damit sich keine Haut bildet, die Oberfläche mit Frischhaltefolie abdecken und den Reis komplett auskühlen lassen.

3. Die Sahne steif schlagen und unter den abgekühlten Milchreis heben. Die fertige Masse in eine Eismaschine geben und nach Gebrauchsanleitung der Maschine gefrieren. Falls Sie keine Eismaschine haben, können Sie die Masse wie ein Parfait in einer Kastenform am besten über Nacht einfrieren. Die Masse wird dann allerdings recht hart und Sie sollten das Eis mindestens 30 Minuten vor dem Servieren aus dem Tiefkühlfach nehmen, antauen lassen und in Scheiben schneiden.

4. Für die Waffeln Butter, Zucker, Vanillezucker, 1 Prise Salz und die Eier in einer Schüssel mit dem Handrührgerät hell-cremig aufschlagen.

5. Mehl und Backpulver gründlich mischen. Mehlmischung und Milch abwechselnd unter die Eimasse ziehen, dabei nur ganz wenig rühren.

6. Den Teig portionsweise in ein Waffelkörbchen-Eisen geben und 6 Körbchen backen. Sie können aber auch ein ganz normales Waffeleisen verwenden.

7. Zum Servieren die Beeren waschen, verlesen und putzen. Etwa die Hälfte für die Garnitur beiseitelegen, den Rest mit dem Puderzucker pürieren. Die Waffelkörbchen auf Teller verteilen. In jedes Körbchen etwas Fruchtpüree geben, darauf 1 Kugel Milchreiseis setzen. Die Beeren im Kreis um das Waffelkörbchen verteilen und die Teller mit ein paar Tropfen Beerenpüree beträufeln. Zum Schluss mit Puderzucker bestreuen.

KATHARINAS TIPP: Bergische Waffeln werden in unserer Region gerne und häufig zur bergischen Kaffeetafel gereicht. Traditionell mit Kirschen, Sahne und Milchreis. In Anlehnung an die bergische Kaffeetafel gibt es zu unseren Bergischen Waffeln hier ein Milchreiseis.

Sauerland

Dichte, ökologisch wertvolle Fichten- und Buchenwälder, zahlreiche Stauseen sowie kleinere Orte zwischen Wiesen und Feldern in Tälern oder auf den sanfteren Erhebungen prägen die Region. Als Teil des Rheinischen Schiefergebirges zeichnet sie sich durch eine hügelige, teils bergige Topografie aus. Mehrere Naturparks schützen den wichtigen Lebensraum einer vielfältigen Tier- und Pflanzenwelt.

In der „Land & lecker“-Staffel 2023 zeigt Marie Owens, wie das Leben von Rind, Huhn und Kind im sauerländischen Arnsberg zur glücklichen Spielwiese wird. Und bei aller Solidarität bleiben die „Susannes“ definitiv die Stars des Hofs.
2024 schreibt Melvin Berger nur knappe 35 Kilometer entfernt in Plettenberg nach seiner Entwicklungshilfe in Afrika die Hofgeschichte seiner Eltern weiter. Hier züchtet er mit viel Herz vom Aussterben bedrohte Nutztier- und Pflanzenarten.

Mit Marie fällt kulinarisch der Apfel nicht weit vom Stamm, denn 2018 hat bereits ihre Mutter Ulla bei „Land & lecker“ mitgemacht. Nun serviert sie ihren Gästen viel Frisches aus der Solawi-Gärtnerei (siehe Seite 151) und das, was sie und ihr neuseeländischer Mann selbst am liebsten mögen: Burger mit Patty von den eigenen Wagyu-Rindern und Spiralkartoffeln. Das Hokey-Pokey-Eis aus dem Dessert ist eine Spezialität aus Jonos Heimat am anderen Ende der Welt.

Marie Owens

Im Sauerland weht mit einem jungen Paar ein leidenschaftlich-frischer Bio-Wind durch den altehrwürdigen Bauernhof.

Landwirtschaft aus Tradition, neu erfunden Auf dem Tiggeshof im sauerländischen Arnsberg-Winkhausen hat Landwirtschaft Tradition. Marie ist hier als älteste von vier Schwestern aufgewachsen und gehört zur stolzen 19. Generation, in der die Familie den erstmals 1352 urkundlich erwähnten Hof mittlerweile bewirtschaftet. Hier lebt und arbeitet sie zusammen mit Mutter Ulla, Vater Rudolf und Ehemann Jono, den sie auf einer Reise durch sein Heimatland Neuseeland kennengelernt hat. Nach und nach wird die 31-Jährige den Hof übernehmen.
Schon als Marie noch ein Kind war, hat sich die Familie im Jahr 2000 von der konventionellen Landwirtschaft, damals noch Milchwirtschaft, verabschiedet und in Pionierarbeit mit 40 anderen Betrieben ihre gentechnikfrei produzierte Milch selbst vermarktet. Marie lockte nach dem Abi zunächst einmal die Stadtluft und sie zog nach Köln, um dort Sozialarbeit zu studieren. In der Großstadt angekommen, erkannte die junge Frau ihre tiefe Liebe zum Land, schloss nach dem Abschluss ein Studium der Landwirtschaft an und kehrte ins Sauerland zurück. Seitdem erfindet sich der elterliche Hof neu und moderne Bio-Landwirtschaft wird im Einklang mit Natur und Tier gelebt.

Wagyus und Angus Die Milchviehwirtschaft ist mittlerweile einer modernen Rindermast der Rassen Wagyu und Black Angus nach Bioland-Kriterien gewichen. Die Tiere auf dem Tiggeshof haben eine Angus-Mutter und einen Wagyu-Vater. Die Kälber werden auf dem Tiggeshof geboren und anschließend bis zur Geschlechtsreife, also volle acht Monate, im Mutterkuhverband großgezogen. Marie und ihrer Familie ist es sehr wichtig, dass ihre Tiere unter den bestmöglichen Verhältnissen und außerdem mit ausreichend Zeit aufwachsen. Und dazu gehört für sie ganz selbstverständlich die muttergebundene Aufzucht und die soziale Struktur der Herde, mit viel Bewegung auf der Weide.

„Susannes“ – die heimlichen Hofstars Neben den 60 Rindern bevölkern 350 Hühner die Weiden um den Hof. Marie nennt sie liebevoll ihre „Susannes“ – sie sind ihr Steckenpferd. „Ich mag an Hühnern, dass sie sehr witzig sind. Sie tun Dinge, die mich zum Lachen bringen.“ Unterschlupf finden die geflügelten Freundinnen artgerecht in mobilen weißen Zelten auf den Wiesen.

> **„Moderne Bio-Landwirtschaft muss sich immer wieder neu erfinden.“**

Gutes Miteinander Marie ist ein nachhaltiger Kreislauf wichtig: „Wir haben hier Grünland, das können wir Menschen nicht essen. Die Rinder machen aus Gras Fleisch und produzieren mit ihrem Mist Dünger für unsere Ackerflächen. Unser Konzept bei der Hühnerhaltung ist, dass sie auf den Weiden hinter den Rindern herziehen, in den Kuhfladen ein reiches Nahrungsangebot an Insekten finden, sie schön auseinanderscharren und so den Dünger auf der Wiese verteilen.“

Der Hof als Lern-, Erlebnis- und Spielort Schon lange ist der Tiggeshof ein Lernort, der nicht nur als Erlebnisbauernhof, sondern als offizieller „Demonstrationsbetrieb Ökologischer Landbau“ Kindern wie auch Erwachsenen Landwirtschaft als ein ganzheitliches Ereignis zum Anfassen dienen soll.
Auch dieser Bereich trägt bereits Maries Handschrift: 2021 hat sie gemeinsam mit einem freien

SOLAWI

Träger den ersten naturpädagogischen Kindergarten Nordrhein-Westfalens auf dem Hof eröffnet. „Möglichst viele Kinder sollen die Gelegenheit haben, eine solch unbeschwerte Zeit zu genießen, wie ich sie hier hatte“, schwärmt Marie. Sie und ihre Mutter sind als Kindergärtnerinnen angestellt.

Solawi Auf dem Tiggeshof setzt man inzwischen auch auf eine besondere Form der Direktvermarktung. Als Partner einer Mietgarten-Initiative bieten Marie und ihre Familie seit 2023 Menschen die Möglichkeit, sich an einer Solawi zu beteiligen. „Solawi“ steht für „Solidarische Landwirtschaft“ und ist eine „community-basierte Form der Lebensmittelproduktion“, wie Marie es ausdrückt. In einer „Solidarischen Landwirtschaft“ schließt sich eine Gruppe von Endverbrauchern zusammen und teilt sich die laufenden Kosten eines landwirtschaftlichen Betriebs. Das Konzept stammt ursprünglich aus Japan, wo es sich in den 1960er Jahren entwickelt hatte und dann nach und nach in Europa und Amerika in unterschiedlichen Ausprägungen adaptiert wurde. Für Landwirte bietet die Solawi verschiedenste Vorteile. Der direkte Absatz an die Mitglieder spart Zeit und Geld, die sonst in Vermarktung und Vertrieb investiert werden müssten. Die Unabhängigkeit vom Markt und seinen Zwischenhändlern gibt viel mehr Raum, um sich stärker auf ökologische Anbaumethoden zu fokussieren. Die regelmäßigen Einnahmen über den festen Mitgliedskreis ermöglichen ein Wirtschaften mit größerer Planungssicherheit, was eine Investition in fortschrittliche Technologien ermöglicht. Das Risiko von Ernteausfällen oder schwankenden Marktpreisen wird auf alle Schultern verteilt und belastet nicht mehr nur die Landwirtinnen und Landwirte. Die direkte Kundenbeziehung schafft auf beiden Seiten Vertrauen, Landwirte erhalten direktes Feedback.

„Übrigens: Entgegen allen Gerüchten legt keine Susanne jeden Tag ein Ei .“

Auf dem Tiggeshof gibt es eine Gärtnerei, in der regionales Bio-Gemüse oder -Obst angebaut wird. Die Gemüsekisten enthalten dann wöchentlich die saisonale Ernte. Auch Hühner sind in das Solawi-Konzept integriert – den Ertrag gibt es dann in Form von frischen Eiern. Man kann sogar ein Huhn adoptieren und bekommt alle Eier, die dieses Huhn in seinem Leben legt. In 16 Lebemonaten etwa 384 Eier. „Übrigens: Entgegen allen Gerüchten legt keine Susanne jeden Tag ein Ei.“, schmunzelt Marie. Und nach den 16 Monaten bekommen die Adoptiveltern entweder ein Suppenhuhn oder dürfen ihrer Rentner-Susanne ein Zuhause für den Lebensabend schenken.

Liebe zu guten Lebensmitteln Die Menschen in der Region mit einer großen Auswahl an regionalen und saisonalen Gemüsesorten sowie Fleisch und Eiern aus guter Haltung zu versorgen und außerdem über deren Wert aufzuklären, ist den Menschen auf dem Tiggeshof seit Generationen wichtig. Deshalb sorgen sie für Transparenz und betreiben Aufklärung besonders bei Kindern und Jugendlichen, darüber, was Landwirtschaft ausmacht, wo die Produkte herkommen und wie sie entstehen. Lebensmittel sollen für sie wieder Genuss-Lebensmittel sein.

Blick in die Zukunft Auch weiterhin setzen Marie und ihre Familie für Krisensicherheit auf Vielfalt in ihrem Angebot. Neu ist beispielsweise eine Mitmachküche für Kinder. Ein Raum für Erwachsenenbildung ist in Planung und auch die Kinder- und Jugendarbeit soll noch weiter ausgebaut werden.

15 ml

Gemüsequiches

mit saisonalem Gemüse und Kräutern

Zutaten für 8 Stück

Für den Mürbeteig
150 g Mehl Type 1050
80 g Butter + mehr für die Förmchen
40 g geriebener Parmesan
1 TL Salz
1 Ei (M)

Für den Belag
500 g saisonales Gemüse (z. B. Zucchini, Möhren und Frühlingszwiebeln)
75 g frische gemischte Kräuter (z. B. Basilikum, Kerbel, Melisse, Petersilie)
2 Eier (M)
150 g Crème fraîche
1 ½ EL Zitronensaft
Salz · Pfeffer aus der Mühle

Zum Servieren
2 EL Pinienkerne

Utensilien
8 Mini-Auflaufförmchen (7 cm Ø)

1. Für den Mürbeteig Mehl, Butter, Parmesan, das Salz und das Ei zu einem homogenen Teig kneten. Den Teig zugedeckt 30 Minuten kühl stellen. Inzwischen die Förmchen mit Butter einfetten.

2. Den Backofen auf 200 °C Umluft vorheizen. Den gekühlten Teig in 8 Portionen teilen, diese rund ausrollen und in die gefetteten Auflaufförmchen drücken.

3. Den Mürbeteig im Ofen auf der mittleren Schiene 20 Minuten blind vorbacken.

4. Inzwischen für den Belag das Gemüse der Saison putzen und waschen bzw. schälen und in feine Würfel schneiden. Die Gemüsewürfel in leicht köchelndem Wasser (gewürzt wird erst nach dem Garen) bissfest garen, abgießen, gut abtropfen lassen und anschließend trocken tupfen.

5. Die Kräuter waschen, trocken schütteln und grob zerkleinern.

6. Eier, Kräuter, Crème fraîche und etwas Zitronensaft mit dem Stabmixer pürieren. Die Masse anschließend mit Salz und Pfeffer abschmecken.

7. Die Förmchen aus dem Ofen nehmen, das Gemüse auf dem Teig verteilen und die Crème-fraîche-Masse darübergießen. Die Quiches im Ofen weitere 20 Minuten backen.

8. Währenddessen die Pinienkerne in einer Pfanne ohne Fett goldgelb rösten. Vor dem Servieren die Pinienkerne auf die Quiches geben.

MARIES TIPP: Natürlich kann man die Quiche auch in einer großen Form backen. Es kann dann einige Minuten länger dauern, bis die Quiches auch in der Mitte gar und fest ist.

Wagyu-Burger Jono-Style

mit hausgemachter Burgersauce und knusprigen Spiralkartoffeln

Zutaten für 6 Personen

Für die Burger Buns (10 Stück)
6 EL Milch
35 g Zucker
1 Würfel frische Hefe (42 g)
500 g Dinkelmehl Type 630
½ TL Salz
2 Eier
80 g weiche Butter
5 TL helle Sesamsamen zum Bestreuen

Für die Burgersauce
½ Zwiebel
1 Essiggurke
200 g Schmand
200 g Mayonnaise
1 EL Tomatenketchup
1 EL mittelscharfer Senf

1. Für die Buns 200 ml warmes Wasser und 4 EL Milch in eine Schüssel geben, den Zucker untermischen und die Hefe hineinbröseln. Die Mischung 5 Minuten stehen lassen.

2. Dann Mehl, Salz, 1 Ei und die weiche Butter dazugeben und alles zu einem geschmeidigen Teig verkneten. Den Teig abgedeckt an einem warmen Ort etwa 1 Stunde gehen lassen. Er muss sein Volumen deutlich vergrößern.

3. Aus dem aufgegangenen Teig Burger Buns formen. Dazu jeweils etwa 90 g Teig pro Bun in den bemehlten Handinnenflächen zu einer gleichmäßigen Kugel rollen und diese auf einem mit Backpapier belegten Backblech zu einer flachen Scheibe mit 8 bis 9 cm Durchmesser drücken. Der Teig ergibt 10 Buns.

4. Die Teiglinge wieder 1 Stunde gehen lassen. Das ist sehr wichtig, damit die Buns schön fluffig werden. Den Backofen rechtzeitig auf 200 °C Ober-/Unterhitze vorheizen.

5. 1 Ei mit 2 EL Wasser und 2 EL Milch verquirlen und die Buns nach der Gehzeit damit bestreichen. Mit je ½ TL Sesam bestreuen.

6. Die Buns im Ofen auf der mittleren Schiene 16 bis 20 Minuten backen, bis die Oberfläche goldbraun ist. Aus dem Ofen holen und auf einem Gitterost auskühlen lassen.

7. Für die Burgersauce die Zwiebel schälen. Zwiebel und Essiggurke in sehr feine Würfel schneiden. Dann mit Schmand, Mayonnaise, Ketchup und Senf vermischen.

Für die Pattys
600 g Hackfleisch vom Wagyu-Rind

Für die Spiralkartoffeln
6 faustgroße festkochende Kartoffeln (à 60–80 g)
Öl zum Frittieren
Salz · Pfeffer aus der Mühle
edelsüßes Paprikapulver (oder Pommesgewürz)

Für das Topping
geröstete Zwiebelringe, Tomatenscheiben, Salat der Saison

Utensilien
Backblech, Backpapier
ggf. Pattyform
Spiralschneider
6 lange Holzspieße
ggf. Fritteuse

8. Für die Pattys das Hackfleisch in 6 Portionen teilen. Jede Portion in eine Pattyform drücken und auf diese Weise zu einem flachen Patty formen. Alternativ freihändig flache Pattys formen. Die Pattys wahlweise in der Grillpfanne oder auf einer Grillplatte auf dem Grill grillen, bis sie schön dunkel und kross sind. Dabei zuerst bei starker Hitze grillen, dann langsam bei schwacher Hitze zum gewünschten Gargrad fertig grillen.

9. Für die Spiralkartoffeln nebenbei die Kartoffeln schälen und mit einem Spiralschneider schneiden. Danach jede Kartoffel vorsichtig auf einen Holzspieß stecken und auffächern.

10. Reichlich Öl in der Fritteuse (oder einem großen Topf) erhitzen. Es ist heiß genug, wenn sich an einem hineingehaltenen Holzlöffelstiel Blasen bilden. Die Spiralkartoffeln im heißen Öl etwa 4 Minuten frittieren. Herausnehmen, vorsichtig wieder auffächern, damit die Spiralen nicht zerreißen. Mit Salz, Pfeffer und Paprikapulver würzen.

11. Zum Servieren die Buns durchschneiden, die Schnittflächen mit Sauce bestreichen und den Burger-Patty sowie die Toppings darauflegen – fertig! Mit den Spiralkartoffeln genießen.

MARIES TIPP: Zwischendurch kann man die Zwiebeln schälen, in Ringe schneiden und in wenig Fett knusprig rösten. Für leichte Süße noch etwas Honig unterrühren.

Süßer Burger

mit Knusperschicht und Hokey-Pokey-Eis

Zutaten für 8 Personen

Für den Karamell
100 g Zucker
30 ml Sirup
½ TL Natron

Für das Vanilleeis
250 ml Milch
1 Vanilleschote
100 g Zucker
25 g Vanillezucker
4 Eigelb (M)
150 g Sahne

1. Für den Karamell ein Blech mit Backpapier auslegen. 20 ml Wasser, den Zucker und den Sirup in einem hohen Topf vermengen und alles so lange bei schwacher Hitze erhitzen, bis eine goldbraune, flüssige Masse entstanden ist. Sobald die Masse goldbraun ist, den Topf sofort vom Herd nehmen.

2. Das Natron hinzufügen und warten, bis die Masse kräftig aufschäumt. Ein- bis zweimal kurz umrühren und den luftigen Karamell sehr langsam und vorsichtig auf das Backpapier gießen. Die Masse mindestens 1 bis 2 Stunden ruhen und aushärten lassen.

3. Für das Vanilleeis zuerst die Vanillemilch herstellen: 2 bis 3 Stunden vor der Eiszubereitung die Milch in einen Topf geben. Die Vanilleschote längs aufschneiden und das Mark herauskratzen. Mark und Schote in die Milch geben, diese einmal aufkochen und auskühlen lassen.

4. Zucker, Vanillezucker und Eigelb mischen und schaumig schlagen. Vanillemilch und Sahne ebenfalls kurz anschlagen. Alle Zutaten vermischen und in die Eismaschine geben. Nach der Gebrauchsanleitung der Maschine gefrieren lassen.

5. Kurz bevor das Eis ganz fest ist, den Karamell in kleine Stücke brechen und unter das Vanilleeis mischen. Fertig gefrieren, anschließend bis zum Gebrauch in das Gefrierfach stellen. Das Vanilleeis unbedingt einige Minuten vor dem Servieren herausnehmen, damit es etwas antaut und schön cremig ist.

Für den Brandteig
230 g Butter
8 g Salz
8 g Zucker
280 g Mehl Type 405
250 ml Milch
10 Eier (M)

Für die Knusperschicht
50 g Butter
150 g Zucker
150 g brauner Zucker
220 g Mehl Type 405
30 g Kakaopulver

Utensilien
Backblech
Backpapier
Eismaschine
Spritzbeutel
runder Ausstecher (8–10 cm Ø)
l

6. Für die süßen Burger den Backofen auf 220 °C Ober-/Unterhitze vorheizen und ein Backblech mit Backpapier belegen. Für den Brandteig 250 ml Wasser abmessen und mit Butter, Salz und Zucker in einem Topf zum Kochen bringen. Das Mehl auf einmal dazugeben und die Zutaten sofort mit einem Kochlöffel zu einem zähen Teig verrühren. Bei mittlerer Hitze weiterrühren und den Teigkloß immer wieder von allen Seiten mit dem Kochlöffel auf den heißen Topfboden drücken. Dadurch wird der Teig „abgebrannt" und es entstehen beim Backen die typischen Hohlräume. Dabei bildet sich eine weiße Schicht am Topfboden. Topf vom Herd nehmen.

7. Den Teig in eine Schüssel geben und 3 Minuten abkühlen lassen. Dann die Eier einzeln gut einarbeiten. Jedes Ei so lange unterrühren, bis wieder ein geschmeidiger Teig entstanden ist. Der Teig ist fertig, wenn er schön glänzt und zäh von einem Löffel fällt.

8. Den Brandteig in einen Spritzbeutel mit beliebiger Tülle geben und mit Abstand 8 bis 10 runde Tupfen auf das Blech spritzen.

9. Für die Knusperschicht alle Zutaten vermischen und (am besten mit den Händen) gut verkneten. Den Teig sehr dünn ausrollen und Kreise mit 8 bis 10 cm Durchmesser ausstechen. Die ausgestochenen Scheiben vor dem Backen auf die Windbeutel legen.

10. Die süßen Burger im Ofen auf der mittleren Schiene etwa 25 Minuten backen. Während der Backzeit den Ofen nicht öffnen. Das Blech herausnehmen und das Gebäck auskühlen lassen.

11. Die abgekühlten süßen Burger aufschneiden und jeden mit einer Kugel Hokey-Pokey-Eis befüllen. Nach Wunsch mit Früchten der Saison dekorieren. Guten Appetit.

MARIES TIPP: Es ist wichtig, dass der Teig für die Knusperschicht wirklich sehr dünn ausgerollt wird, auch wenn das etwas kniffelig ist. Wenn die Teigkreise zu dick sind, können die Burger aus Brandteig nicht gut aufgehen und die Knusperschicht kann nicht schön reißen.

Bei Familie Berger wird der Hof samt landwirtschaftlicher Arbeit von den Generationen geteilt. Und weil Kochen zu zweit mehr Spaß macht als allein, bereitet Melvin sein „Land & lecker“-Menü gemeinsam mit seiner Frau Friederike zu. Er freut sich darauf, seinen Gästen das feine, nussig und würzig schmeckende Fleisch seiner Triesdorfer Rinder als Pulled Beef zusammen mit viel eigenem Gemüse, Salat und Obst servieren zu dürfen.

Melvin Berger

Im Herzen des schönen Sauerlands lebt ein kleiner Biohof mit viel Herz und Engagement den ökologischen Gedanken.

Hofgeschichte mit Überraschungen Die Hofgeschichte vom heutigen „Biohof Berger" im sauerländischen Plettenberg hat 1985 mit Vater Stephan und Mutter Regine sowie Melvin und seinen drei Geschwistern Hanna, Henning und Milan begonnen. Teile des etwas versteckt im Elsetal befindlichen Hofs selbst sind allerdings schon im 16. Jahrhundert errichtet worden. Das haben die Bergers allerdings auch erst herausgefunden, als sie die Küche renovierten und auf einem großen alten Holzbalken plötzlich die Jahreszahl „Anno 1589" prangen sahen. Doch zurück zur eigentlichen Geschichte der Bergers. Damals pachteten Melvins Eltern mit gerade einmal Anfang 20 den Hof und legten damit den Grundstein für den heutigen landwirtschaftlichen Betrieb. Gemeinsam haben sie ökologisches Gemüse angepflanzt und verkauft, Kühe und Schafe gehalten. Nach 20 Jahren mussten sie erkennen, dass Milchproduktion im kleineren Rahmen und nach ihrem Konzept nicht mehr tragbar war. Darum stellten die Bergers den Betrieb 2007, unterstützt durch ihre eigenen Milchkühe, auf Mutterkuhhaltung um. Einige ihrer Nachkommen leben noch immer auf dem Hof.

„Wir möchten mit nachaltiger Landwirtschaft was bewegen."

Einmal weite Welt und zurück ins Sauerland, bitte! Melvin zog es zunächst weg aus dem Sauerland, erst zur pädagogischen Arbeit nach Köln und dann als Entwicklungshelfer im Agrarbereich in die weite Welt bis nach Namibia. Nach seiner Rückkehr gründete der studierte Diplom-Agraringenieur 2019 mit seinem Vater eine GbR. 2021 zog Melvin mit seiner Partnerin Friederike Lücke, die er in Afrika kennen- und lieben gelernt hat, fest auf den Familienhof. Anfang 2024 kam Sohn Nuka dazu. Seit drei Jahren bewirtschaften beide Generationen den Familienhof gemeinsam im Haupterwerb, entwickeln ihn weiter, bauen ihn um und aus. Und dabei bringen sie immer wieder neue Herzensprojekte an den Start.

Die Suche nach gepunkteten Tigerkühen Seit 2018 engagiert sich die Familie verstärkt für aussterbende Tierrassen. Einen seiner größten Herzenswünsche erfüllt sich Melvin mit der Züchtung der Ansbacher Triesdorfer, einer vom Aussterben bedrohten Rinderrasse, in Kooperation mit dem „Verein zur Erhaltung des Ansbach Triesdorfer Rindes e. V.". Aufgrund der geringen Anzahl der Tiere in Deutschland war es schwierig, erste Rinder zum Kauf zu finden und in die Zucht einzusteigen. Einige Kühe holte Melvin aus dunklen Anbindeställen in Bayern, und sie „mussten sich erst einmal an Licht, Bewegungsfreiheit und den Gang auf die Weide gewöhnen". Inzwischen nennt er die größte Herde dieser Tiere in ganz Nordrhein-Westfalen sein Eigen.
Das Ansbach-Triesdorfer Rind, der sogenannte „Triesdorfer Tiger", ist ein altfränkisches Hausrind, dessen Geschichte sich bis ins Jahr 1740 zurückverfolgen lässt. Wie allerdings der Spitzname entstehen konnte, lässt sich heute nicht mehr nachvollziehen, zumal sich die Fellfarbe der Rinder am ehesten als kleinstrukturiert gescheckt beziehungsweise gepunktet mit Farbstufen von hellgelb bis dunkelrotbraun beschreiben lässt. Mitte des 19. Jahrhunderts war es eine populäre Dreinutzungsrasse in Süddeutschland. Nach Geschlechtsreife sind die Rinder gute Mast- und Milchtiere. Extensive Haltung und langsamer Wuchs der Rasse führen neben guter Milchleistung zu einem geschmacklich ausgezeichneten, fein marmorierten Fleisch, das als herb, nussig und würzig beschrieben wird. Verglichen mit anderen älteren Rassen, wie dem Fleckvieh, das auf eben diese beiden Nutzungsarten hin gezüchtet wurde, ist das Triesdorfer Rind mit seinen sehr harten Klauen darüber hinaus zur Zugarbeit eingesetzt worden. Berichten zufolge war die

Zugleistung beachtlich. Bunte Bentheimer Schweine und eine fröhliche, durchaus internationale Mischung verschiedener alter Haushuhnrassen, wie Grünleger – sie legen tatsächlich Eier mit grüner bis türkisfarbener Schale –, aus Frankreich stammende Marans, Bergische Kräher – die älteste deutsche Hühnerrasse – und Ayam Cemani, eine aus Indonesien stammende kleine Hühnerrasse, deren Gefieder vollständig schwarz ist. Zu guter Letzt gesellt sich die sanftmütige Kärntner Biene zu den schützenswerten Rassen auf dem Hof.

Tierwohl aus Überzeugung Unabhängig vom Schutz der Rassen und ganz generell haben Melvin und seine Familie sich zum Ziel gesetzt, den Hoftieren ein bestmögliches und natürliches Leben zu bereiten. Die persönliche Beziehung zu den Tieren war ihnen von Beginn an wichtig und begleitet das Hofkonzept bis heute. Alle 80 Rinder tragen so schöne Namen wie Käthe, Wilhelmina, Agnes oder Leni , können den Sommer über auf der Weide und den Winter im Stall auf Stroh verbringen. „Und alle haben ihren eigenen Charakter", ergänzt Vater Stephan. Die Kälber wachsen mit ihren Müttern auf und dürfen sich auf dem Hofgelände frei bewegen, auch alte und kranke Tiere dürfen bleiben. Mit Patenschaften, die man übrigens auch ganz hervorragend verschenken kann, und Spenden für Stroh, Futter, Wasser, Tierarztkosten oder Stallerneuerungen können Interessierte die vielen Projekte unterstützen.

Bock auf Bauernhofluft Über Social-Media-Kanäle hält Friederike Interessierte auf dem Laufenden, denn es ist den Bergers wichtig, auch die jüngeren Leute zu erreichen. Mit Videos über Neuankünfte oder Kälbergeburten und die Arbeit auf dem Hof berichten sie und klären auf. Wer selbst Lust auf Bauernhofluft hat und mehr über die Tiere oder den Gemüseanbau lernen möchte, ist nach Anmeldung oder freitags während der Hofladen-Öffnungszeiten willkommen. Neben Ausflügen für pädagogische Einrichtungen ist eine Bauernhof AG für Kitas und Schulen im Angebot. Füttern und Streicheln der Hühner, Schweine und Rinder sowie das Eiersammeln sind unbedingt erwünscht. Wer freitags vorbeikommt, kann im Hofladen in der alten Scheune direkt den Wocheneinkauf erledigen. Hier wartet ein Angebot eigener Produkte, wie Gemüse, Obst, Eier und Honig. Größtenteils regionale Lebensmittel anderer Höfe, zum Beispiel Ziegenmilchprodukte oder frisches Brot, ergänzen das Sortiment.

> **„Die persönliche Beziehung zu unseren Tieren war uns von Beginn an wichtig. Alle haben ihren ganz eigenen Charakter."**

Die Produktion von Bio-Obst und -Gemüse sowie -Eiern und -Honig ist das zweite Standbein des „Biohof Berger". Auf einer Ackerfläche von 1 Hektar und in drei großen Gewächshäusern baut die Familie in alter Handarbeit eine kunterbunte Mischung an, bei deren Auswahl der Aspekt alter, in Vergessenheit geratener Sorten im Fokus steht. So reifen im Gewächshaus beispielsweise Ochsenherztomaten und Rosa Elefant neben weißen Auberginen. Auf dem Acker gedeihen Gelbe Bete, lila Buschbohnen, runde Zucchini und schwarzer Rettich.
All das trägt die Handschrift von viel Enthusiasmus, aber auch der Erkenntnis, dass sich ein Weg findet, wenn es den festen Willen gibt. Da Familie Berger neben dem entschiedenen Willen tagtäglich ein großes Herz beweist, schlummern auf dem Hof ganz sicher noch viele andere Projekte, die es zu realisieren gilt.

Warme Bruschette

mit Tomaten und Ziegenweichkäse

Zutaten für 6 Personen

3 EL Olivenöl
2 EL Crema di Balsamico
1 TL Salz
Pfeffer aus der Mühle
400 g Tomaten
1 rote Zwiebel
ca. 150 g Ziegenweichkäse nach Feta-Art (ersatzweise Feta)
10 Blätter Basilikum
1 Baguette

Utensilien
Backblech
Backpapier

1. Für das Dressing in einer Schüssel Olivenöl, Crema di Balsamico, Salz und eine gute Prise Pfeffer vermischen.

2. Die Tomaten waschen und ohne die Stielansätze in Würfel schneiden. Die Zwiebel schälen und in feine Würfel schneiden. Den Ziegenweichkäse in grobe Stücke schneiden. Die Basilikumblätter trocken abreiben und klein schneiden. Alle Zutaten zu dem Dressing in die Schüssel geben und gut vermengen.

3. Den Backofen auf 180 °C Ober-/Unterhitze vorheizen. Das Baguette je nach Dicke in 12 oder 18 Scheiben schneiden und diese auf einem mit Backpapier belegten Backblech verteilen. Die Baguettescheiben mit dem Tomatensalat belegen, die restliche Flüssigkeit darüberträufeln.

4. Die Bruschette auf der mittleren Schiene etwa 10 Minuten backen, bis die Tomaten warm sind und das Baguette leicht geröstet ist.

5. Lauwarm servieren. Je nach Größe der Bruschette bekommt jeder 2 bis 3 Scheiben.

Pulled Beef

mit Kartoffelknödeln, glasierten Möhrchen und Gartensalat

Zutaten für 6 Personen

Für das Pulled Beef
3 TL mittelscharfer Senf
3 TL Tomatenmark
3 TL Salz
3 TL Pfeffer aus der Mühle
Kräuter der Provence (eine Handvoll frische, klein gehackte Kräuter oder 5 TL getrocknete Kräuter)
5 TL Sojasauce
1 kg Rindfleisch am Stück (z. B. Braten, Roastbeef o. Ä.)
2 Zwiebeln
500 g Tomaten
2 Knoblauchzehen
2 Möhren
1 Chilischote (optional)
Olivenöl zum Anbraten
2 TL Essig
ca. ½ l Gemüsebrühe

Für die Kartoffelknödel (12 Stück)
1 kg mehligkochende Kartoffeln
Salz
1 Ei (M)
180 g Kartoffelmehl
frisch geriebene Muskatnuss

1. Für das Pulled Beef idealerweise am Vortag Senf, Tomatenmark, Salz, Pfeffer, Kräuter und Sojasauce zu einer Marinade vermischen. Das Fleisch rundherum damit einreiben und beiseitestellen. Im Kühlschrank am besten über Nacht marinieren. Wenn es eilt, reicht zum Marinieren aber auch die Zeit, die man für die Vorbereitung der Zutaten braucht.

2. Am tag des Essens die Zwiebeln schälen und grob würfeln. Die Tomaten waschen, vierteln und ohne die Stielansätze in grobe Stücke schneiden. Die Möhren putzen, waschen und gut bürsten, sie müssen nicht geschält werden. In grobe Stücke schneiden. Den Knoblauch schälen und in Scheiben schneiden. Optional die Chilischote waschen und ohne den Stiel in feine Ringe schneiden. Wer es nicht so scharf mag, entfernt die Kerne.

3. Im Schnellkochtopf das Fleisch in ausreichend Olivenöl scharf von allen Seiten anbraten. Zwiebeln, Knoblauch, Möhren und ggf. Chili dazugeben und kurz mit braten.

4. Dann die Tomaten hinzufügen. Mit Essig ablöschen und mit Gemüsebrühe aufgießen, sodass das Fleisch fast vollständig von Flüssigkeit bedeckt ist. Den Deckel auflegen und das Fleisch bei hohem Druck etwa 80 Minuten garen.

5. Das Fleisch aus dem Topf nehmen und mit einer Gabel in feine Streifen zerteilen. Die Sauce im Topf pürieren, nach Bedarf erneut abschmecken. Anschließend das Fleisch wieder hineingeben und gründlich mit der Sauce vermengen.

6. Für die Kartoffelknödel während das Fleisch gart die Kartoffeln mit Schale in gesalzenem Wasser kochen, bis sie weich sind. Abgießen, kurz ausdampfen lassen und pellen. Die gepellte Kartoffeln durch eine Kartoffelpresse in eine große Schüssel geben und handwarm erkalten lassen.

7. Ei, Kartoffelmehl, 2 TL Salz und 1 Prise Muskat zum Kartoffelschnee geben und alles mit den Händen zu einem geschmeidigen Teig verkneten. Ist der Teig zu klebrig, noch etwas Speisestärke oder Kartoffelmehl hinzufügen.

Für die glasierten Möhrchen
600 g kleine Bundmöhren
50 g Butter
1 EL Honig
Salz

Für den Gartensalat
5 EL Olivenöl
3 EL Aceto balsamico
1 EL Honig
1 EL mittelscharfer Senf
Saft von ½ Zitrone
Salz · Pfeffer aus der Mühle
600 g Blattsalat nach Wahl
1 Salatgurke
1 Handvoll kleine Tomaten

Utensilien
Schnellkochtopf
Kartoffelpresse

8. Mit feuchten Händen 12 etwa 90 g schwere Knödel formen.

9. In einem sehr großen Topf leicht gesalzenes Wasser aufkochen. Die Hitze reduzieren, sodass das Wasser nicht mehr sprudelnd kocht, sondern siedet. Die Knödel in das siedende Wasser geben und etwa 20 Minuten gar ziehen lassen. Während des Kochens darauf achten, dass sich die Knödel nicht berühren und das Wasser nicht kocht, aber weiterhin siedend heiß ist. Wenn die Knödel an die Oberfläche kommen, sind sie gar. Mit einem Schaumlöffel herausheben oder bei ausgeschalteter Herdplatte weitere 10 Minuten im Wasser warm halten.

10. Für die glasierten Möhrchen nebenbei die Möhren waschen, trocknen und das Grün einkürzen, aber nicht ganz abschneiden. Die Butter in einer Pfanne schmelzen, den Honig einrühren und die Möhrchen darin etwa 5 Minuten braten, dabei regelmäßig wenden. Anschließend salzen.

11. Für den Gartensalat in einer großen Salatschüssel Olivenöl, Aceto balsamico, Honig, Senf, Zitronensaft, Salz und Pfeffer verrühren, bis ein cremiges Dressing entsteht.

12. Den Salat waschen, trocken schleudern, in mundgerechte Stücke zupfen und in die Schüssel zum Dressing geben. Die Gurke waschen, trocken reiben und in feine Scheiben schneiden. Die Tomaten waschen und halbieren, die Stielansätze entfernen. Beides ebenfalls in die Schüssel geben. Alle Zutaten vorsichtig mit dem Dressing vermengen.

13. Zum Servieren auf großen Tellern jeweils 2 Knödel, einige Möhrchen und eine Portion Fleisch anrichten. Etwas Sauce über das Fleisch geben und die restliche Sauce in einer Schale auf den Tisch stellen. Den Gartensalat in einer Schale dazu servieren.

MELVINS TIPP: Das Rezept ist auch ohne Schnellkochtopf umsetzbar. Es lässt sich alternativ in einem Bräter im Backofen zubereiten. Die Garzeit beträgt bei 135 °C Ober-/Unterhitze 4 bis 5 Stunden. Wenn sich das Fleisch mit der Gabel leicht zerrupfen lässt, ist es fertig.

Schokomousse

mit frischen Beeren

Zutaten für 6 Personen

Für die Schokomousse
3 sehr frische Eier (M)
Salz
250 g Sahne
200 g Schokolade (mind. 50 % Kakaoanteil)

Zum Servieren
300 g frische Beeren nach Wahl (z. B. Himbeeren, Johannisbeeren)

Utensilien
6 Dessertgläschen oder -schalen

1. Für die Schokomousse am Vortag die Eier trennen, das Eigelb dabei in eine große Schüssel geben.

2. Das Eiweiß in einer absolut sauberen und fettfreien Schüssel mit 1 Prise Salz steif schlagen und zugedeckt kühl stellen. Die Sahne steif schlagen und ebenfalls zugedeckt kühl stellen.

3. 100 g Schokolade sehr fein reiben. Die restlichen 100 g Schokolade in Stücke teilen und in einer Schüssel über dem heißen Wasserbad schmelzen, dabei sollte die Schokolade lediglich lauwarm werden.

4. Das Eigelb in der großen Schüssel kräftig aufschlagen und die lauwarme geschmolzene Schokolade mit einem Schneebesen zügig unterrühren. Dann die Sahne vorsichtig unterheben.

5. Den Eischnee ebenfalls vorsichtig unterheben. Zum Schluss die fein geriebene Schokolade unterziehen.

6. Die Mousse in 6 kleine Gläser oder Schalen füllen und über Nacht kühl stellen.

7. Zum Servieren die frischen Beeren verlesen und vorsichtig waschen. Die Mousse mit den Beeren garnieren und genießen.

MELVINS TIPP: Wenn Sie die Schokolade nicht ganz fein, sondern etwas grober reiben, bleiben in der Mousse Stückchen erhalten. Das schmeckt auch sehr gut.
Die Eier für die Mousse sollten keinesfalls älter als 10 Tage sein.

Kurz vorgestellt

Diese Landfrauen und Landmänner aus Nordrhein-Westfalen lieben das Leben auf dem Land ebenso wie die Küche ihrer Heimat. Hier gibt es einen Überblick über sie und ihre Rezepte.

Eva Bird

Die gläserne Metzgerei am Niederrhein

TV-Menü: Baguette mit Leckereien aus der Metzgerei / Tomahawk-Steak mit Möhren und Bandnudeln / Eierlikör-Mousse im Schokoladenei auf Blaubeercreme

Schlossallee 81 · 47475 Kamp-Lintfort
info@frohnenbruch.de

Christoph Bochröder

Die fünf Bio-Brüder aus der Eifel

TV-Menü: Gefüllte Teigtaschen mit frischen Kräutern und Schmand / Falsches Filet mit Ofenkartoffeln und Roter Bete / Rhabarber-Crumble mit hausgemachtem Vanilleeis

Stockheimer Landstraße 171 · 52351 Düren
info@bio-bochroeder.de · www.bio-bochroeder.de

Maria Schulte Spechtl

Die Pferdeliebhaberin aus dem Münsterland

TV-Menü: Geräuchertes von der Pute mit Heidelbeersauce und Kräutern / Knusprige Putenschnitzel mit Kartoffelspalten und Spargel / Sorbet aus Heidelbeeren mit sahnigem Herrencreme-Joghurt

Kippheide 30 · 46286 Dorsten
info@schulte-spechtel.com · www.waldhof-schulte-spechtel.de

Staffel 22 von 2023

Michael Stücke

Die Schäfer aus Ostwestfalen-Lippe

TV-Menü: Lammbratwurst mit hausgemachter Currysauce und Kräuter-Zupfbrot / Gesottene Lammhaxe im Kirschholzrauch mit Gemüsetaschen und Kartoffelgratin / Blaubeerkuchen mit Streuseln an Joghurt vom Schaf

Häger Straße 23 · 32584 Löhne in Westfalen
info@schaeferei-stuecke.de · www.schaeferei-stuecke.de

Jochen Groß

Der Gemüsebauer vor den Toren Kölns

TV-Menü: Gemüsesandwiches im hausgemachten Brötchen / Gedörrte Rote Bete, konfierte Tomate, geräucherte Zwiebel / Johannisbeer-Parfait mit Baiser auf einem Fruchtspiegel

Hauptstraße 28 · 50259 Pulheim-Stommeln
info@stadtlandgemuese.de · www.stadtlandgemuese.de

Marie Owens

Die Solawi-Bäuerin aus dem Sauerland

TV-Menü: Gemüsequiches mit saisonalem Gemüse und Kräutern / Wagyu-Burger Jono-Style mit hausgemachter Burgersauce und knusprigen Spiralkartoffeln / Süßer Burger mit Knusperschicht und Hokey-Pokey-Eis

Ainkhausen 3 · 59757 Arnsberg
info@tiggeshof.de · www.erlebnisbauernhof-sauerland.de

Jochen Kanders

Der Artenschützer vom Niederrhein

TV-Menü: Dinkel-Hafer-Stockbrot mit Möhren-Paprika-Butter und Käseaufstrich / Wagyu-Roastbeef von der Feuerplatte mit Spargel, Rosmarin-Schmörkes und Sour Cream / Sommerliche Quarkspeise mit Erdbeeren und kandierten Blüten

Steinbergen 21 · 47589 Uedem · Niederrhein
info@welleshof.de · www.Welleshof.de

Lisa Schäfer

Die Winzerin aus der Eifel

TV-Menü: Zweierlei Tapas vom Weinberg: gefüllte Weinblätter und Roastbeef mit Rotweinzwiebeln / Geschmortes Brisket, dazu knuspriger Kartoffeltorte, gepfefferte Karotten mit Dill und Selleriesalat mit Apfel und Walnüssen / Aprikosen-Tarte-tatin mit hausgemachtem Vanilleeis

Grüne Neune · „Rittergut Vlatten"
Merodestraße 25 · 52396 Heimbach
info@gruene-neune.net · www.gruene-neune.net

Rainer Overkämping

Der Biobauer aus dem Münsterland

TV-Menü: Pulled Chicken im hausgemachten Bun / Hähnchenrouladen mit Ofenmöhren und Rosmarinkartoffeln / Nougatmousse mit Eierlikör

Wochteresch 12 · 46414 Rhede
r.overkaemping@gmx.de · www.biohof-overkaemping.de

Staffel 23 von 2024

Inga Flachmeier

Bio-Vielfalt aus Ostwestfalen-Lippe

TV-Menü: Beerige Flammkuchen mit Ziegenbrie, Rucola und Erdbeeren / Hohe Rippe aus dem Dutch Oven mit Johannisbeer-Jus an Frühkartoffeln zu sommerlichem Beerensalat / Heidelbeer-Swirl-Cheesecake mit Himbeer-Aronia-Sorbet und Bruchschokolade

Im Heidsiek 69 · 32052 Herford
bergs.hof@gmx.de · www.bergs-hof.de

Katharina Marseille

Die Pilzzüchterin aus dem Rheinland

TV-Menü: Pilztörtchen, mediterrane Limonenseitlinge und Pilzbruschette / Rehrücken mit Kräuterkruste, dazu Kirschsauce, Serviettenknödel und Kräuterseitlinge / Bergische Waffelkörbchen mit Milchreiseis, Beerensauce und frischen Beeren

Bergerhof 71 · 42799 Leichlingen
info@leichlinger-champignonzucht.de
www.leichlinger-champignonzucht.de

Melvin Berger

Der Biobauer aus dem Sauerland

TV-Menü: Warme Bruschette mit Tomaten und Ziegenweichkäse / Pulled Beef mit Kartoffelknödeln, glasierten Möhrchen und Gartensalat / Schoko-Mousse mit frischen Beeren

Im Wiesengrund 9 · 58840 Plettenberg
biohofberger@web.de · www.biohofberger.com

Rezeptverzeichnis

ZU DEN LANDFRAUEN UND -MÄNNERN

Sie haben eine klassische landwirtschaftliche Ausbildung, sind Hauswirtschaftler*innen, studierte Ökotropholog*innen oder Quereinsteiger*innen aus Berufung, dafür mit Leib und Seele. Ob sie nun Käse produzieren, Hühner, Schweine, Schafe oder Rinder züchten, Obst, Gemüse oder Hanf anbauen: Die Landfrauen und -männer aus Nordrhein-Westfalen sind weit entfernt von den klassischen Bauernhofklischees. Ganz im Gegenteil: Die Unternehmer*innen sind selbstbewusst und modern, kreativ und die besten Protagonist*innen für den Landleben-Trend.

Weitere Bücher zu „Land & lecker“:

- Land & lecker, Band 4
- Land & lecker – das Jubiläumsbuch
- Land & lecker, Band 6

HINWEIS

Die Ratschläge in diesem Buch wurden mit größter Sorgfalt von Autor*innen und Verlag erarbeitet und geprüft. Eine Garantie kann jedoch nicht übernommen werden. Ebenso ist eine Haftung der Autor*innen bzw. des Verlags und seiner Beauftragten für Personen-, Sach- oder Vermögensschäden ausgeschlossen.

IMPRESSUM

Hinter jedem tollen Buch steckt ein starkes Team

Projektleitung: *Sonja Forster*
Porträttexte: *Ulrike Kraus*
Redaktion WDR: *Helma Potthoff*
Lektorat: *Katharina Lisson*
Redaktionelle Mitarbeit: *Ulrike Kraus*
Covergestaltung, grafische Gestaltung und Satz: *Julia Arzberger*
Foodfotografie: *Frauke Antholz*
Porträt- und Landschaftsfotografie: *Melanie Grande*
Herstellung: *Frank Jansen*
Producing: *Jan Russok*
Druck & Bindung: *optimal media GmbH, Röbel*

Für das WDR Fernsehen wird die Sendereihe „Land & lecker“ von megaherz GmbH hergestellt unter der Projektleitung von Guido Niebuhr. Redaktion im WDR: Helma Potthoff und Christoph Reyer

Nach einer Idee und basierend auf dem Konzept „Landfrauenküche“ des Schweizer Fernsehens.

1. Auflage 2024

Kaiserstraße 14 b
D-80801 München
ISBN: 978-3-96584-454-4

BILDNACHWEIS

Alle Foodfotos: Frauke Antholz
Alle Landschafts- und Porträtfotos: Melanie Grande
Seite 56 Mitte (Weinrebe): Lisa Schäfer privat

FOOD FOTOS

Im Buch enthaltene Foodfotos können zur eigenen Nutzung erworben werden unter ***www.stockfood.de***

LIEBE LESERINNEN, LIEBE LESER,

wie schön, dass Sie ein Buch von ZS in den Händen halten. „Jetzt leben!" ist das Motto unseres Verlages. Es steht für Genuss und Inspiration, Unterstützung und Motivation. Ob Kulinarik oder Fitness, Gesundheit oder Lebenshilfe – seit über 30 Jahren bieten wir kompetente Ratgeber für (fast) alle Lebenslagen. Wir lieben Tradition genauso wie Innovation – sie treiben uns an. Unsere Autorinnen und Autoren sind Menschen, die zu ihrem Thema wirklich etwas zu sagen und zu schreiben haben. Unsere Produkte sind erzählerisch, appetitmachend und als gedruckte Bücher haptisch echte Erlebnisse. Für Sie mit ganz viel Liebe gemacht! Entdecken Sie mehr aus unserer wunderbaren Welt!

UNSER VERLAGSHAUS

Mit Standorten in Hamburg und München zählt die Edel Verlagsgruppe zu den größten unabhängigen Buchanbietern Deutschlands. Zur Gruppe gehören die Verlage Dr. Oetker Verlag, Edel Sports, KARIBU und ZS.

ZS - Ein Verlag der Edel Verlagsgruppe
www.zsverlag.de
www.facebook.com/zsverlag
www.instagram.com/zsverlag

FÜR DIE UMWELT

ZS unterstützt bei der Produktion dieses Buches das Projekt „Junge Riesen für die nächsten 100 Jahre" im Naturpark Nossentiner/Schwinzer Heide. Damit wird ein Anteil der unvermeidbaren CO_2-Emissionen im direkten Umfeld des Produktionsstandortes kompensiert.

PARTNER
Naturpark Nossentiner/Schwinzer Heide
www.optimal-media.com/naturschutzprojekt-001

NEWSLETTER

Was koche ich heute Feines? Und wie geht das – schmackhaft und gesund?

Melden Sie sich jetzt zum ZS-Genuss-Service an und verpassen Sie keine kulinarischen und gesundheitlichen Trends mehr.
Wir informieren Sie regelmäßig über unsere Neuerscheinungen, Aktionen oder Gewinnspiele und verraten Ihnen unsere Lieblingsrezepte!

GEWINNEN

Unter allen Neuabonnierenden verlosen wir jeden Monat eine ***ZS-Genuss-Box*** im Wert von 75,00 €.

Jetzt anmelden unter:
www.zsverlag.de/newsletter
oder den QR Code scannen:

ANMELDEN!

Die besten Rezepte der Landfrauen

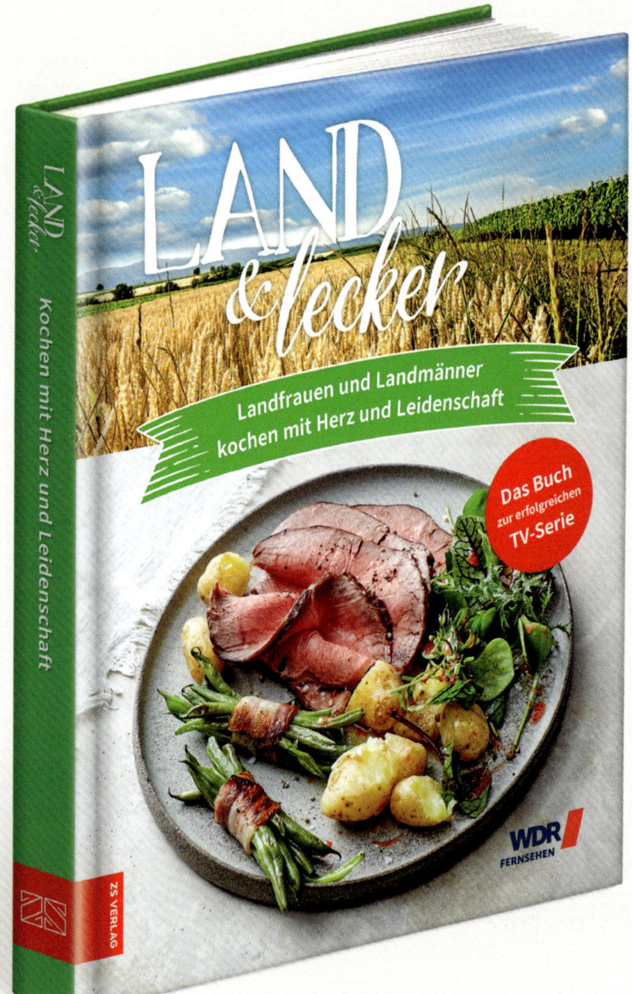

Die Landfrauen
Land & lecker (Bd. 6)

ISBN 978-3-96584-259-5

Die Rezeptsammlung zur Serie

Jetzt überall, wo es gute Bücher gibt.